해석과 사회비판

마이클 왈쩌 지음
김 은 희 옮김

해석과 사회비판

마이클 왈쩌 지음

김 은 희 옮김

철학과현실사

이 책의 저자인 마이클 왈쩌는 1999년 <다산기념 철학강좌>의 연사로 방한한 적이 있고, 이를 계기로 마이클 왈쩌와 그의 이론에 대한 소개가 많이 이루어졌다(참조: 『다산기념 철학강좌 3: 자유주의를 넘어서』, 마이클 왈쩌 지음, 김용환, 박정순, 윤형식, 정원섭 옮김, 철학과현실사, 2001). 이에 이 글에서는 마이클 왈쩌와 그의 이론에 대한 소개를 또다시 덧붙이는 것보다는 역자가 이 책에 나타난 통찰에 주목하게 된 문제의식을 이야기하며, 그 통찰의 의의를 소개하는 것이 이 책을 읽을 동기부여를 제공하는 데 있어 더 좋을 듯하다.

추상적인 보편이념과 구체적인 여러 현실, 이 둘 중에 도덕은 어디에 자리하고 있는 것일까? 부당한 현실에 대한 비판적 무기가 될 수 없다면 도덕은 정말 매력 없는 것이 될 것이다. 하지만 그렇다면 우리는 도덕을 어디에서 찾을 수 있단 말인가? 철학자의 이성에서? 철학자의 이성은 탈역사적이고 탈사회적인가? 철학자의 이성은 그가 처한 사회에서 나온 것이 아니란 말인가?

이런 고민들은 보편적 정의와 이념을 추구하는 자유주의와 특수한 정의를 추구하는 공동체주의 간의 논쟁에서도 엿볼 수 있는 문제이다. 역자는 이 논쟁을 따라가 보았고, 공동체주의자들이 어떤 대답을 하는지 기대해 보았다. 하지만 매킨타이어, 테일러, 샌들과 같은 공동체주의자들은 공동체주의적 기획이 도덕의 비판적 기능을 성공적으로 설명할 수 있는지에 대해 공들여 논의하지 않았다. 그들에게는 계속적으로 보수적 함축, 현실긍정적 함축에 대한 공격이 쏟아졌다. 공동체주의에 대해 '도덕은 현실에서 나온 것이라는 그들의 설명은 매우 매력적이지만, 그것으로부터 현실비판의 정당성을 끌어낼 수는 없겠구나'라는 나름의 포기를 하던 중 역자는 왈쩌의 이 책에 주목하게 되었고, 현실 속에서의 비판의 동학을 제시하는 그의 통찰에 집중하지 않을 수 없었다. 비록 작은 책자이지만, 이 책은 특정한 현실 안에서 자라난 도덕이 충분히 현실비판적, 현실전복적일 수 있다는 가능성을 제시했다는 큰 의의를 지니고 있다.

왈쩌는 이 책 이후에도 계속해서 비판의 문제를 다룬다. 공동체주의자들 가운데 왈쩌만큼 비판의 문제를 논의한 사람은 없다. 이 점이 왈쩌가 다른 공동체주의적 입장들로부터 차별화되는 점이다. 왈쩌가 제시한 현실적 도덕이 지닐 수 있는 비판 가능성과 정당성의 구조가 얼마나 성공적인지는 더 살펴봐야 할 문제이다. 하지만 우리는 이 책을 통해 왈쩌가 지속적으로 보수적 함축과의 결별을 시도하고 있다는 것은 인정할 수 있으며, 이 책이 우리로 하여금 이념적 도덕이 아닌 현실적 도덕에 좀 더 기대를 갖게 한다는 점을 인정할 수 있다. 이 책은 분량으로 보아 매우 작은 책이지만, 역자에게 있어 매우 큰 의미의 책이다. 원전의 출간일에 비해 너무 늦은 번역이지만, 이 번역은 꼭 필요한 일이었고, 이 일은 위와 같은 역자의 고민과 비슷한 고민을 갖고 있는 이들에게 도움이 될 수 있다고 확신한다.

이 책이 갖고 있는 통찰과 역자의 고민을 잘 헤아려 이 책을 권해 주고, 역자의 번역 초고를 미국에서 꼼꼼히 읽고 문장 하나하나, 단어 하나하나 지적해 주는 수고까지 마다 않으신 정원섭 선생님께 감사의 마음을 전하며, 늘 부족한 제자의 연구를 격려하고 지원해 주시는 황경식 교수님, 그리고 관심 분야는 다르지만 늘 역자에게 지적인 자극을 주고 학문적인 귀감을 보이시는 김세화 교수님께 감사드린다. 아울러 왈쩌의 여러 책들을 같이 읽고 스터디하며 많은 대화를 나눈 이보경 선배와 번역 초고를 읽고 수정해 준 후배 정훈에게도 깊이 감사드린다. 무엇보다 이 책의 번역과 출간을 흔쾌히 수락해 주신 철학과현실사에 감사의 말씀을 드리고 싶다. 이 책의 번역과 출간 과정에서 많은 분들에게 신세를 졌으나 이 책에서 나오는 오류는 전부 역자의 책임임을 밝힌다. 이렇게 번역된 이 작은 책이 사회비판의 토대를 놓고 고민하는 이들에게 도움이 되었으면 한다.

2007년 4월

김 은 희

8

[차 례]

J. B. W. 에게 바칩니다.

[서 문]

　이 책의 목적은 사회비판을 하나의 사회적 활동으로 이해하기 위한 철학적 틀을 제공하는 것이다. 사회비판가들은 무슨 일을 하는가? 그들은 그 일을 어떻게 해나가는가? 그들의 여러 원칙은 어디에서 왔는가? 사회비판가들은 자신이 비판하는 사람들과 제도들로부터 어떻게 거리를 유지하는가? 나는 이 책 전반에 걸쳐 사회비판을 비판적 해석이라고 보아야 가장 잘 이해될 수 있다고 주장하는데, 이런 주장은 최근 몇 년간 유럽 철학자들이 내세운 것과 일맥상통한 것이다. 하지만 나는 그들의 저작에 대한 직접적인 참조 없이 나만의 언어를 통해 고유의 방식을 찾으려 해왔다. 나는 20세기에 있었던 비판 활동을 다루는 더 본격적인 책을 조만간 낼 생각이다. 그 책은 좀 더 정치적 성격을 띠는 책이 될 것이며, 지금 이 책은 미래에 나올 그 책의 이론적 서론에 해당할 것이다. 그 책에서 나는 철학적인 만큼 정치적이기도 한 문제 즉, 사회비판이 '비판이론' 없이도 가능한지의 문제를 다뤄 볼 것이다.

　이 책의 1장과 2장은 1985년 11월 13, 14일에 하버드 대학에서 있었던 「인간적 가치에 관한 태너 강연(Tanner Lecture on Human Values)」의 원고이고, 이 원고의 출간은 그 강연 관리국의 허가를 받아 이루어졌다. 3장은 그 해 11월 5일 하버드 대학의 힐렐에서 발표되었다. 나는 이 세 장을 거의 같은 시기에 집필하였고 같은 용어를 사용했으며 같은 주장을 이 글들에 담았다. 그 내용들은 서로를 포함하고 있으며, 마지막 장은 앞의 두 장의 부족한 부분인 역사적 구체성과 세부내용을 어느 정도 채워주고 있다.

강연에 참가해 나의 잘못된 점을 설명해 주었던 모든 논평자들, 하버드 대학 학문 공동체의 많은 성원들에게 진심으로 감사드린다. 분명히, 그들이 비판했던 내용을 반영하여 나의 수정작업이 이루어졌다. (특히 마르타 미노우(Martha Minow), 마이클 샌들(Michael Sandel), 토머스 스캔론(Thomas Scanlon), 주디스 슈클라(Judith Shklar), 그리고 로이드 웨인렙(Lloyd Weinreb)의 비판에 대해서 그러하다.) 종종 그렇듯이 아마도 그 내용이 불명료하고 불완전하게 반영될 테지만 말이다. 「사회비판가로서의 예언자」의 예전 형태의 원고는 드루 대학(Drew University)에서 열렸던 예언자에 관한 심포지엄에서 토론되어 헨리 프렌치의 고마운 논평과 함께 『드루 게이트웨이(*Drew Gateway*)』지에 출간되었다. 고등학술연구소(Institute for Advanced Study)의 많은 이들이 나를 위해 이 강연원고를 읽고 상세히 논평해 주었다. 클리포드 기어츠(Clifford Geertz), 돈 헤르족(Don Herzog), 마이클 러스틴(Michael Rustin), 알란 베르트하이머(Alan Wertheimer)가 바로 그들이며, 이 원고의 최종적인 형태에 대해서 그들이 책임은 없지만, 많은 기여를 해주었다.

제 1 장

도덕철학의 세 가지 방법

제 1 장
도덕철학의 세 가지 방법

이 장의 제목은 도덕철학의 세 가지 방법에 대해 말하고 있지만, 나는 도덕철학을 하는 데에 세 가지 방법만 있다고 주장하려는 것이 아니다. 이 글의 목적은 모든 방법을 망라하는 하나의 목록을 제시하는 것이 아니며 단지 도덕철학이라는 주제에 접근하기 위한 흔하고 중요한 접근법 세 가지를 살펴보는 것이다. 나는 이 세 가지를 각각 발견의 방법, 창안의 방법, 해석의 방법이라고 부르겠다. 나는 이 셋 중에서 마지막 것을 도덕의 일상적 경험에 가장 잘 들어맞는 접근방법이라고 기술하려 한다. 그리고 나서 다음 장에서 나는 해석의 방법이 우리로 하여금 돌이킬 수 없을 만큼 현 상황에 매여 있게 만들고 (왜냐하면 우리는 이미 존재하는 것만을 해석할 수 있을 뿐이므로) 따라서 사회비판의 가능성이 무너진다는 공격에 맞서 해석의 방법을 옹호하려 할 것이다. 비판은 일상적 도덕의 한 특징이기 때문에, 그 공격은 두 갈래의 성격을 가진다. 즉 그 공격에 따르면, 해석은 도덕적 경험에 관한 나쁜 정책일 뿐만 아니라 나쁜 설명이기도 하다. 그 공격에 따르면, 해석은 규범적으로나 기술적으로 올바르지 않다. 나는 이 공격의 두 국면에 모두 반론할 것이다. 이 장에서는 이론의 대조를 통해, 다음 장에서는 활동의 예시를 통해 반론할 것이다. 이 장에서는 설명에 좀 더 집중하고, 다음 장에서는 정책에 좀 더 집중할 것이다. 하지만 이렇게 단순하고 어쩌면 오도된 것일 수 있는 구분방식을 고수하지는 않을 것이다. 마지막 장은 사회비판의 확장된 역사적 분석을 통해 설명과 정책 모두를 함께 논의할 것이다. 특히 성경 속 예언들이 수행했던 사회비판을 해석적 방식으로 논의할 것이다.

우리는 발견의 방법에 대해, 종교의 역사를 통해서 가장 먼저 그리고 가장 잘 안다. 물론 발견은 계시가 내려야 이뤄진다. 하지만 누군가가 산을 오르고 사막을 지나 계시자인 신을 찾아 그의 말씀을 듣고 돌아와야 한다. 이 사람은 나머지 우리들에게 있어 도덕 법칙의 발견자로 존재한다. 신이 그에게 도덕 법칙을 계시한다면, 그는 그 법칙을 우리에게 계시한다. 자연적 세계처럼, 생명 그 자체처럼, 도덕은 하나의 피조물이다. 하지만 우리가 그것을 지은 것은 아니다. 신이 도덕을 만들고, 우리는 신과 신의 종의 도움을 받아 그것에 관해 알게 되며 그것을 경외하고 연구한다. 종교적 도덕은 보통 성문 형태, 경전의 형태를 가지며, 따라서 해석을 요구한다. 하지만 우리가 그것을 최초로 경험하는 것은 발견이라는 매개를 통해서이다. 도덕적 세계는 마치 신대륙과 같고, 종교 지도자(신의 종)는 그곳이 존재한다는 기쁜 소식과 그 형태에 대한 최초의 지도를 우리에게 가져다주는 탐험가와 같다.

　나는 이 지도의 한 가지 중요한 특징에 주목해야겠다. 도덕적 세계는 신에 의해 창조되었을 뿐만 아니라 신의 명령에 의해 구성된다. 우리에게 계시되는 것은 명령들의 어떤 체계이다. 즉, "이것을 해라! 저것은 하지 마라!"와 같은 명령이다. 그리고 이런 명령들은 성격상 비판적이고, 애초부터 비판적이다. 왜냐하면 신이 우리에게 우리가 이미 행하고 있는 것을 하라고 명하고, 행하지 않고 있는 것을 하지 말라고 명한다면 그것은 하나의 계시라고 보기 어려울 것이기 때문이다. 계시된 도덕은 늘 낡은 생각과 관행들에 날카로운 대립을 이룬다. 그 점이 발견의 방법이 지닌 주된 장점이라 할 수 있겠다. 하지만 그것은 단기간적인 장점일 수밖에 없다. 왜냐하면 일단 계시가 받아들여지면, 그리고 새로운 도덕적 세계가 자리 잡히면 그 비판적인 날카로움은 사라지기 때문이다. 이제 신의 명령은 우리의 일상 행동들을 규제한다. (적어도 우리는 스스로에게 짐짓 그런 것처럼 행동해야 한다.) 우리는 신이 우리에게 바라는 모습대로 있다. 물론 일단 발견된 도덕도 늘 재발견될 수 있다. 오래 전에 잊혀졌거나 더럽혀진 교리를 되찾았다는 주장은 모든 종교적, 도덕적 개혁의 기초이다. 하지만 신은 그가 애초에 있었던 방식과 똑같은 모습으로 현존하지 않는다. 재발견은 계시에 의존하지 않는다. 재발견은 우리 나름의 작업이며, 고고학적 형태의 작업이다. 그리고 우리는 우리가 발굴해 낸 것을 해석해야 한다. 재발견된 도덕적 법칙에는 처음 나타났을 때 지녔던 빛나는 선명함이 없다.

　나는 종교적 도덕에 대한 이런 짧은 설명을 도입으로 삼아 좀 더 세속적 논의를 해보려 한다. 신의 계시뿐 아니라 자연의 계시가 존재한다. 가령, 자연법이나 자연권 혹은 객관적인 도덕적 진리 체계를 우리에게 보고하는 철학자가 발견의 길을 걸어왔다. 아마도 그는 실재하는 것 속에서 자연적인 것을 찾는 일종의 도덕적 인류학자처럼 그 길을 걸었을 것이다. 좀 더 정확히 말하자면, 그 탐색은 철학적 기획의 표준적 형태를 갖고 내적이고 정신적으로 이뤄지며, 초연함(detachment)과 반성(reflection)이라는 작업을 거친다. 도덕적 세계는 도덕철학자가 자신이 처한 사회적 위치로부터 자신의 정신을 떨어뜨려 놓을 때 시야에 들어온다. 그는 자신을 비틀어서 자신이 처한 편협한 이해관계와 충성들로부터 느슨하게 풀어 놓는다. 그는 자신만의 관점을 버리고 토머스 네이글(Thomas Nagel)이 주장한 것처럼 '무특정 관점(no particular point of view)'으로 세계를 본다.1) 이 기획은 적어도 산을 오르거나 사막을 통과해 진군하는 것처럼 영웅적이다. '무특정 관점'은 신의 관점으로 가는 도상에 있는 어떤 지점이며, 철학자가 그곳에서 바라보는 대상은 객관적 가치와 같은 어떤 것이다. 즉, 내가 이해한 바에 따르면, 그는 자신과 나머지 다른 모든 이들을 다르지 않게 보며, 그들과 같은 피조물의 관계를 필연적으로 다스리는 도덕 원칙들을 인정한다.

분명히, 그런 필연성은 도덕적 필연성일 뿐이지, 현실적 필연성은 아니다. 그렇지 않다면 우리는 그것을 발견하려고 뒤로 물러설 필요가 없었을 것이다. 그렇기 때문에 그 도덕 원칙들은 다

---

1) Nagel, "The Limits of Objectivity", in *The Tanner Lectures on Human Values*, vol. I(Salt Lake City: Utah University Press, 1980), p. 83. Cf. T. Nagel, *The View from Nowhere*(Oxford: Oxford University Press, 1986).

시 한번 비판적인 원칙들로 기능한다. 그 원칙들은 우리의 편협한 관행과 견해들로부터 일정 거리를 두고 존재한다. 그리고 일단 우리가 그 원칙들을 발견했다면, 혹은 그것들이 우리에게 선포되었다면, 우리는 그것들을 우리의 일상적 도덕 생활 속에 구현해야 한다. 하지만 사실 나는 이런 세속적 발견보다는 그 전의 종교적 발견에 더 확신을 느낀다. 우리에게 전달된 도덕 원칙들은 이미 우리의 수중에 들어와 구현되어 있는 경우가 많다. 즉, 오래되었고 친숙하며 잘 짐작된다. 철학적 발견은 신적 계시가 갖는 근본적인 새로움과 날카로운 명확성이 떨어지게 마련이다. 자연법 혹은 자연권 이론은 하나의 새로운 도덕적 세계에 대한 묘사로서 와 닿지 않는다.

네이글이 발견했다는 객관적인 도덕 원칙, 즉 "우리는 타인의 고통에 대해 무관심해서는 안 된다"에 대해 생각해 보자.[2] 나는 이 원칙을 인정하지만 계시가 주는 흥분은 느낄 수 없다. 나는 이것이 기존의 것임을 알았기 때문이다. 이런 발견에 포함되어 있는 것은 도덕 원칙들이 갖고 있는 분리성과 같은 것이다. 따라서 우리는 그것들을 최초로 보는 것은 아니지만 신선하게 느끼면서, 뿌리 깊은 이해관심과 편견에서 벗어나 바라볼 수 있다. 이런 식으로 보면, 그 도덕 원칙들은 객관적으로 보일 것이다. 우리는 종교인들이 신의 법을 아는 것처럼 똑같은 방식으로 그 원칙들을 '안다.' 말하자면, 그 원칙들은 시행되기만 기다리며 거

---

2) "The Limits of Objectivity", pp.109-110. 네이글 자신의 사회비판은 좀 더 실질적인 원칙에 의존하지만, 나는 그 원칙이 어느 정도로 '객관적인' 원칙인지 잘 모르겠다. 네이글의 다음 책을 참조하라. *Mortal Questions* (Cambridge: Cambridge University Press, 1979), chs.5-8.

기에 있다. 하지만 그것들은 바로 여기에서 일상생활의 특징을 담고 있기 때문에 거기에 존재할 뿐이다.

나는 우리가 언제나 무특정 관점의 상태로 물러설 수 있다는 점을 미심쩍어하지만, 뒤로 물러서기의 경험이 있을 수 있다는 점을 부인할 생각은 없다. 하지만 **다른 특정 지점**으로부터 세상을 바라보는 경우에도, 우리는 여전히 그 세상을 바라보고 있다. 사실상 우리는 하나의 특정 세계를 바라보고 있다. 우리는 유난히 선명하게 그것을 볼 수도 있지만, 거기에 이미 존재하고 있지 않은 그 어떤 것을 발견할 수는 없을 것이다. 그 특정 세계는 또한 우리 자신의 세계이기 때문에 우리는 여기에 이미 존재하고 있지 않은 어떤 것을 발견할 수는 없을 것이다. 아마도 이것이 세속적인 (도덕적) 발견들에 관한 일반적 진리일 것이다. 만약 그러하다면, 그것은 우리가 신에 대한 믿음을 잃었을 때 우리가 상실했던 것들을 제시한다.

하지만 지금까지 나는 자기 앞에 놓인 도덕적 실재를 (추상적인 윤곽만이라도) 더 분명하게 보려고 신경을 곤두세운 철학자를 가정해 왔다. 이와 대조적으로 어떤 이는 그 도덕적 실재를 의문시하고 원자를 꿰뚫어 보는 물리학자처럼 더 깊은 차원의 진리에 대한 추구를 통해 논의를 시작할 수 있다. 인간의 욕구와 혐오에 대한 가장 깊은 진리에 기초해 있는 공리주의라는 도덕철학이 아마도 이런 식으로 발견되었을 것이다. 무신론적인 기원을 갖고 매우 낯선 결과를 낸 이론인 공리주의는 과학을 모방하여 얻을 수 있는 것들을 제시한다. 벤담은 분명히 그가 객관적인 원리 체계를 발견했다고 믿었지만, 이런 원리들의 적용은 거의 대부분 일상생활적 모습으로 인정될 만한 것이 아니다.3) 그 자신들의 논증의 이상함에 스스로도 놀랐기 때문에, 대부분의 공리주의 철학자들은 우리 모두가 생각하는 바에 더 가까운 결과를 내게 하려고 쾌락 계산법을 이리저리 손본다. 그래서 그들은 예외를 규칙에 맞게 끌어당긴다. 계시에 대한 확신이 없다면, 이렇게 우리는 우리가 아는 것만 발견할 수 있을 뿐이다. 철학은 두 번째로 오는 것이며(하위의 위치에 있으며), 철학은 우리에게 새천년을 알리는 듯한 깨달음이 아닌 황혼녘 올빼미와 같은 지혜를 준다. 물론 이런 대안도 있다. 동틀녘의 독수리와 같은 지혜. 하지만 내가 보기에 이것은 매력적이라기보다 난데없이 갑작스럽다.

아마도 그럴 듯한 이유에서, 많은 사람들은 올빼미의 지혜에 만족하지 않을 것이다. 어떤 이들은 그것을 추구한 철학자의 초연함을 인정함에도 불구하고 그의 객관성을 부정할 것이다. 하지만 그것은 내가 옹호하고 싶은 생각이 아니다. 나는 다음과 같은 회의주의적 질문에 대한 네이글의 냉소적 견해에 동감하고 싶다: 내 이웃의 고통에 대해 무관심하지 말라는 것에 대해 나는 어떤 이유를 가질 수 있을까? 배려하라는 것에 대해 나는 어떤 이유를

---

3) 벤담은 공리주의가 일상인들이 도덕에 관해 생각하는 것들을 유일하게 설득력 있게 설명하는 이론이라고 제안하지만, 그의 야심은 그런 설명을 제공하는 것을 넘어서 확장된다. 그는 도덕의 기초를 발견했다고 주장한다. "자연은 인류를 고통과 쾌라는 두 지배적 주인의 통제하에 놓았다. 그 두 주인들만이 우리가 해야 할 바를 지적해 준다." *The Principles of Morals and Legislation*, ch.1. 이 책의 나머지 내용이 제시하는 바에 따르면, 이 두 주인은 늘 일상인들이 생각하는 방식의 당위를 지적하지는 않는다.

가질 수 있을까? 요구되는 정도가 아주 조금일지라도 말이다. 네이글은 다음과 같이 말했다. "당혹스러운 표현으로서, 이것은 근본적인 어떤 것이 잘못 되어 왔다고 지적하는 철학 특유의 기괴함을 가진다."4) 그렇다. 하지만 이런 기괴함보다 더 우려되는 점은 내가 이미 표현했던 것인데, 확실히 제 정신인 이런저런 철학 속에 계시된 도덕 원칙들은 신의 계시가 지니는 그 특유의 통렬함, 비판적 힘을 갖고 있지 못하다. "무관심하지 말라"는 "네 이웃을 네 몸과 같이 사랑하라"와 똑같지는 않다. 이들 중 두 번째 명령은 철학적 발견의 목록 안에 나올 만한 것이 아니다. 왜 내가 그를 **그토록 많이** 사랑해야 하느냐는 반문은 기괴하지 않기 때문이다. 무관심 금지의 원칙, 혹은 좀 더 적극적 형태인 최소적 배려의 원칙은 생각 속에서는 하나의 비판적 원칙이지만, 그것이 가진 힘은 불확실하다. 그것이 일상적, 사회적 실행과 관련을 맺기 위해서는 많은 양의 일이 이뤄져야 할 것이다. 그리고 그것이 무특정 관점의 사람에 의해서 이뤄질 수 있을지, 혹은 특정 관점의 사람에 의해서도 이뤄질 수 있을지는 불분명하다.

다른 한편, 무특정 관점에 서 있는 사람들은 완전히 새로운 도덕 세계를 구성할 수 있을 것이다. 신의 종이 이룬 발견을 흉내내는 것이 아니라 신의 창조를 흉내 내어서 말이다. 그들은 실제로 기존 도덕 세계가 없다고 생각했기 때문에, (신은 죽었거나 인류는 근본적으로 자연으로부터 동떨어져 있기 때문에, 혹은 자연은 도덕적 의미를 갖고 있지 않기 때문에) 이 일을 수행했을 수도 있다. 아니면, 그들은 실제의 기존 도덕 세계가 부적절하거

---

4) "The Limits of Objectivity", p.110.

나 그 세계에 대한 우리의 지식이 성격상 충분히 비판적일 수 없을 것이라고 생각했기 때문에 그 세계의 구성에 착수했을 수도 있다. 우리는 이런 식의 착수에 대해 데카르트의 방식을 떠올릴 수 있을 것이다. 데카르트는 그의 지적인 기획을 묘사하면서 "내 자신의 생각들을 개혁하고 하나의 토대 위에 전적으로 나만의 것을 세울 것"을 제시했다. 사실, 내 생각에 데카르트는 정말로 객관적 진리를 찾아 "어둠 속에 홀로 걸어가는 한 사람처럼" 발견의 여정을 시작했다.5) 하지만 그에게 문득 떠오른 유비에는 발견해야 할 객관적 진리가 없으며, 그 기획은 성격상 분명히 구성적이다:

따라서 나는, 이전에는 거의 야만적이었다가 범죄와 싸움의 해악에 못 견뎌 법을 만들면서 점차적으로 문명화되었던 사람들은, 사회 안에 모이기 시작한 순간부터 어떤 현명한 입법가의 기본법을 준수했던 사람들만큼 잘 조직될 수 없다고 생각했다. 그것은 마치 참된 종교의 상태, 신만이 만들어냈던 법의 상태가 다른 모든 상태들보다 비교할 수 없을 만큼 더 낫다는 점이 진실로 확실한 것과 마찬가지이다. 그리고 인간사에 대해 말해 보자면, 내 생각에, 만약 스파르타가 과거에 대단히 번성했다면, 그것은 법 하나하나가 개별적으로 훌륭해서가 아니다. 그 법들 중 많은 것은 매우 이상했고 심지어 미풍양속에 반대되는 것도 있었기 때문이다. 그보다는 오직 한 사람에 의해 창안되어서, 그 법들이 동일한 목적을 향해 질서 잡혀 있었기 때문에 그 나라가 번성한 것이다.6)

---

5) Descartes, *Discourse on Method,* trans. F. E. Sutcliffe(Harmondsworth: Penguin, 1968), pp.38, 39.
6) *Discourse on Method*, p.36.

이것은 창안의 방법이다. 그 목적은 우리가 창안해 내려 하는 도덕이 제시한다. 그 목적은 하나의 공동생활이며, 그 안에서 정의 혹은 정치적 덕목, 선, 혹은 그런 어떤 기본 가치가 실현될 것이다.

따라서 우리는 우리를 지도해 줄 만한 기존의 구성, 신이나 자연이 제시한 청사진이 존재하지 않는 바로 이 여건에서 도덕 세계를 구성하게 된다. 그렇다면 우리는 어떻게 진행해 나가야 하나? 우리에게는 도덕철학을 위한 방법서설이 필요하다. 그래서 창안의 방법을 취했던 대부분의 철학자들은 방법론으로 시작했다. 이는 구성 절차에 대한 구성을 말한다. (분명히 하나의 창안된 도덕에 몸담고 있으면서도 그 방식으로 논의를 시작하지 않았던 실존주의자들은 창안 작업에 거의 도움이 되지 않는다.) 구성 절차의 중요한 요건은 그것이 합의를 발생시켜야 한다는 것이다. 따라서 데카르트가 말한 입법가의 작업은, 그 입법가가 자기 주위에 진행되고 있는 의견들과 이해관계들의 해당 영역을 어떤 방식으로든 구현하는 대표 인물이 아니면 매우 위험하다. 우리는 입법가를 전능하고 이성적이고 자비로운 독재자로 만들어 간단히 해결하는 편리를 취할 수는 없다. 왜냐하면 그렇게 하면 구성 절차가 시작되기도 전에 정의로운 권력 분배에 관한 구성의 기본 성격을 설정하게 되기 때문이다. 그 입법가는 어떤 식으로라도 우리 모두를 대표하도록 승인되어야 한다. 그렇지 않다면, 우리 모두가 처음부터 그 일에 참석하고 의견을 제시해야 한다. 어떻게 우리가 인류의 대표자, 대리인을 선택할 수 있을지 알기란 쉽지 않다. 하지만 우리가 대표 방식을 포기하고 그 대안인 보편적 참여를 선택한다면, 우리는 질서가 아닌 불화를 창출하기 쉬우며, 그 결과는 데카르트의 말에 의하면, "이성에 따라 작용하는 인간 의지의 산물이라기보다 우연의 산물"이 될 것이다.7)

이 문제에 대한 다양한 해법이 있다. 가장 유명하고 세련된 것은 존 롤즈(John Rawls)의 해법이다.8) 롤즈의 해법은 구성적, 혹은 입법적 작업이 한 사람에 의해 수행되는지, 여러 사람에 의해 수행되는지를 더 이상 문제 삼지 않는 장점이 있다. 자신이 처한 사회세계, 자신의 이해관계, 가치, 재능, 관계에 대한 모든 지식이 없는 상태에서 잠재적 입법자들은 지금 주어진 현실적 목적상 동일한 자들로 간주된다. 그런 사람이 서로서로 대화하는 것인지, 여럿 속에서 독백하는 것인지는 중요하지 않다. 한 사람이 말하는 것만으로도 충분하다. 다른 해법으로 제안된 것(가령 위르겐 하버마스(Jürgen Habermas)의 해법)은 우리가 실제 대화를 상상할 것을 요구하기 때문에 좀 더 번거롭다. 이 때 대화는 그 담론을 이데올로기적 대치상황의 차원 위로 올리도록 신중히 고안된 여건에서만 이뤄진다.9) 그 참여자는 특수주의의 구속으로

---

7) *Discourse on Method*, p.35.

8) Rawls, *A Theory of Justice*(Cambridge, Massachusetts: Harvard University Press, 1971).

9) Habermas, *Communication and the Evolution of Society*, trans. Thomas McCarthy(Boston: Beacon, 1979), esp. ch.1. 하지만 여기에 하나의 딜레마가 존재한다. 즉, 하버마스가 이상적 발화 혹은 왜곡되지 않은 의사소통이라고 부르는 것의 여건들이 세부적으로 명시화된다면, 제한된 수의 내용만이 언급될 수 있으며, 이런 내용은 아마도 나머지 우리 모두를 대변하는 철학자 혼자에 의해서도 언급될 수 있을 것이다. 그것은 우리가 최종적으로 형성할 견해들이 무엇인지에 관해 우리가 진정한 선택을 할 수 있는 것처럼 이뤄지지는 않는다. 다음 문헌을 참조하라.

부터 해방되어 있어야만 한다. 그렇지 않으면 그들은 그들이 요구하는 합리적 결과를 산출하지 못할 것이다. 즉 그들이 어떤 지위를 점하든, 어떤 계획을 추구하든 간에, 그들 모두가 기꺼이 그 안에 살고, 그것이 정의롭다고 생각하도록 고안된 도덕적 세계라는 결과를 산출하지 못할 것이다.

신은 죽었고, 자연은 의미를 갖고 있지 않다는 점(오늘날에는 그다지 고통스러워 보이지 않는 가정)을 가정해 보면, 우리는 이런 입법가들에 대해서 다음과 같이 말할 수 있다. 즉, 그 입법가들은 그들이 창안하지 않아도 어떤 도덕 세계가 존재한다고 할 경우에 존재했을 법한 도덕 세계를 창안한다. 그들은 신이 존재할 경우 신이 창조했을 만한 것을 창조한다. 이것이 창안의 길에서 일어날 바를 기술하는 유일한 방법은 아니다. 데카르트가 말했던 스파르타에 관한 유비는 다른 견해를 제시한다. 나는 이것도 롤즈의 견해라고 본다. 바로 최소주의적 형태의 창안이다. 리쿠르고스(Lycurgus)가 창조한 것은 가장 훌륭한 도시, 신이 창조했을 법한 도시가 아니라, 스파르타인에게 있어 가장 좋은 도시, 말하자면, 스파르타의 신이 만들었을 법한 도시일 뿐이다. 나는 이런 가능성에 대해 나중에 논의하려 한다. 우선 나는 우리가 무지의 베일 뒤에서 혹은 이데올로기에서 해방된 대화를 통해 창안해 낸 도덕적 세계가 우리가 창안할 수 있을 유일한 세계이고,

---

Raymond Geuss, *The Idea of a Critical Theory: Habermas and the Frankfurt School*(Cambridge: Cambridge University Press, 1981), p.72. 하지만 만약 그 여건들이, 이상적인 담화가 민주적 논쟁을 닮도록, 대강만 명시화되어 있다면, 그 참여자들은 거의 모든 것에 대해서 말할 수 있게 되고 그 결과가 "매우 이상하고 심지어 좋은 도덕에 반대되는 것"으로 드러나지 않으리라는 법이 없게 된다.

보편적으로 거주할 수 있고 모든 이를 위한 세계라는 강한 주장부터 살펴봐야겠다.

창안된 도덕이 지니는 비판적 힘은 철학적 발견이 지닌 힘보다는 신의 법이 지닌 비판적 힘에 더 가깝다. (혹은 그것은 올빼미의 지혜보다 독수리의 지혜에 더 가깝다.) 많이 논의된 예를 들자면, 롤즈의 차등 원칙은 계시처럼 새롭고 명시적인 내용을 지녔다. 아무도, 그것을 의문시하는 것은 미친 짓임에 틀림없다고 말할 생각은 없을 것이다. 신의 법이 그 법의 힘을 그것을 지은 창조자에게서 끌어오듯이, 차등 원칙은 그 원칙의 힘을 그것이 창조된 과정에서 끌어온다. 우리가 만약 그것을 받아들인다면, 그것은 우리가 그 원칙의 창안에 참여했다는 점 때문이거나 그 창안에 참여했다고 스스로 상상할 수 있기 때문이다. 그리고 만약 우리가 그런 원칙 하나를 창안한다면, 우리는 다른 원칙들이 필요할 때, 분명히 그 다른 원칙들을 창안할 수 있다. 혹은 하나의 원칙으로부터 규칙과 규제들의 체계 전체를 도출할 수 있다. 브루스 애커만(Bruce Ackerman)은 자유주의적 정의에 대해 논의하면서 어떤 쟁점들의 영역을 다루었는데, 그 쟁점들은 「탈출기」와 「신명기」의 규범에서 다뤄졌던 것에 거의 준하는 것들이었다. 물론 애커만의 계시는 한 국가에 전달되는 것이 아니라 실제상의, 그리고 상상 가능한 모든 국가들에 전달되는 것이지만 말이다.10) 그렇게 해서 우리는 어떤 개인적 삶도, 어떤 사회적 관행들도 모두 평가할 수 있는 하나의 도덕을 창조해 낸다.

---

10) Ackerman, *Social Justice in the Liberal State*(New Haven: Yale University Press, 1980).

물론, 우리가 평가하는 삶과 관행들이 우리가 그것을 평가하기 전까지 도덕적으로 무의미하다는 것은 아니다. 그 삶과 관행들은 그 나름의 가치들을 구현하고 있는데, 그것은 근본적으로 불완전한 구성 절차에 의해 왜곡되어 있다. (창안의 철학자는 그렇다고 믿고 있음에 틀림없다.) 이런 가치들은 우리가 유구한 역사를 통해 사회적이라고 부를 만한 여건들 속에서의 대화, 논증, 정치적 협상에 의해 창조된다. 창안된 도덕의 핵심은 신과 자연이 제공하지 않은 것을 제공한다는 것이다. 즉, 그것은 서로 다른 모든 사회적 도덕들에 대한 보편적 교정책을 제공한다. 하지만 우리는 왜 보편적 교정책을 따라야 하나? 어떤 특정한 철학자의 창안만이 유일하게 가능한 창안이라고 가정할 경우에, 그것에 깃든 비판적 힘은 정확히 무엇인가? 나는 이 문제에 답하기 위해서 내 나름대로 만든 이야기를 들려줄 생각이다. 그 이야기는 롤즈가 설명하는 원초적 입장에서 벌어지는 일들이 지니는 어떤 특성들을 비교해 보고 밝혀보고자 만들어진 이야기이다. 이것은 애석하게도 대강의 그림에 지나지 않지만, 그래도 나름의 쓰임새를 갖고 있다.[11]

자, 이렇게 상상해 보자. 다른 언어를 말하고 다른 나라, 다른 도덕적 문화권에서 온 여행자 집단이 어떤 중립적인 공간(외부의 공간 같은 곳)에서 만난다. 그들은 한시적으로나마 협동해야 한다. 그리고 협동하려면, 그들 각각은 자기 고유의 가치와 관행에 근거해 주장하기를 삼가야 한다. 따라서 그들은 각자 자신의 가

---

11) 그 대강의 그림은 롤즈 자신보다는 롤즈의 추종자들에게 적중된다. 롤즈는 아마도 그 첫 조건을 받아들이지 않을 것이다.

치와 관행들에 대한 지식을 부정한다. 그리고 그 지식은 언어 자체에 구현되어 있어, 개인적일 뿐 아니라 사회적인 것이기도 하기 때문에, 우리는 그 언어적 기억을 제거하고, 그들의 모든 자연어에서 똑같이 파생하는 어떤 혼합어로, 즉 좀 더 완벽한 에스페란토어로 (한시적으로) 사고하고 말할 것을 그들에게 요구한다. 그들은 어떤 협동 원칙들을 채택하게 될까? 이 질문에는 단하나의 답변이 존재하고 그 답변 속에 주어진 원칙들은 그들이 지금 차지하고 있는 공간 속에서 함께 그들의 삶을 적절히 다스린다고 나는 가정할 것이다. 그것은 충분히 그럴 듯해 보인다. 그 구성 절차는 현 목적으로 봤을 때, 진정으로 유용하다. 이 생각이 그다지 그럴 듯해 보이지 않게 되는 것은 그 다음부터이다. 여행자들은 이 때 세운 원칙들과 똑같은 것을, 그들이 고향으로 갈 때도 갖고 가도록 요구받는다. 새롭게 창안된 이 원칙들이 어째서 이미 도덕적 문화를 공유하고 하나의 자연어를 사용하는 사람들의 삶을 다스려야 하나?

무지의 베일 뒤에서, 자기 나름의 삶의 방식에 대한 지식을 갖고 있지 않은 채, 자신과 똑같이 지식을 갖고 있지 않은 다른 사람들과 살아가야만 하는 사람들은 아마도 어떤 어려움을 갖고서라도, 하나의 **잠정협정**(modus vivendi)을 발견할 것이다. 이것은 삶의 방식이 아니라, 살기 위한 방식이다. 하지만 이런 여건 속에 있는 이 사람들에게 이것이 유일하게 가능한 **잠정협정**이라 할지라도, 그렇다고 해서 그것이 보편적으로 가치 있는 체제라는 점이 따라 나오지는 않는다. (물론, 그것은 일종의 발견적 가치를 가질 수도 있을 것이다. 많은 것들이 발견적 가치를 지닌다. 하지만 나는 지금 그 가능성을 추적하지는 않을 것이다.) 여기에서,

하나의 혼동이 있는 것으로 보인다. 그것은 마치 우리가 하나의 호텔방이나 수용 아파트 혹은 안전대피소를 이상적인 집 모델로 간주하는 것과 같다. 집에서 멀리 떠나면, 우리는 호텔방과 같은 쉼터와 편의시설에 감사한다. 우리 자신의 집이 어땠는가에 대한 지식은 모두 접은 채, 자신처럼 그런 지식을 모두 접은 사람들과 이야기하면서, 우리들 중 어떤 누구라도 살 수 있을 만한 방을 고안하도록 요구받는다면, 우리는 아마도 힐튼 호텔과 같은, 하지만 그다지 문화적으로 특성화되어 있지 않은 어떤 것을 떠올릴 것이다. 이런 차이는 있을 것이다. 즉, 우리는 사치스러운 방을 허용하지 않을 것이다. 모든 방은 정확히 똑같을 것이다. 혹은 사치스러운 방이 있다면, 그 방을 만든 목적은 단지 호텔에 좀 더 많은 손님을 끌어 모아서 그 수입으로 다른 모든 방들을 개선시킬 수 있게 하려는 것일 뿐이다. 가장 개선이 필요한 방부터 말이다. 하지만 이 개선이 매우 많이 진척된다고 해도, 우리는 우리가 한때 가졌다고 알고는 있지만 더 이상 잘 기억나지 않는 그 집을 그리워할 수도 있을 것이다. 우리는 우리가 고안한 그 호텔에서 살도록 도덕적으로 구속되지는 않을 것이다.

나는 호텔에 대한 내 나름의 견해가 널리 공감되고 있다고 가정했기 때문에, 이와 다른 견해를 갖는 사람의 이야기에 주목해야 한다. 다음은 프란츠 카프카(Franz Kafka)의 글에서 나온 문구이다. "나는 호텔방을 좋아한다. 나는 호텔방에 있으면 늘 곧바로 집처럼 느낀다. 정말로 내 집보다도 더 집처럼 편하다."12)

---

12) 다음에서 인용해 온 것이다. Ernst Pawel, *The Nightmare of Reason: A Life of Franz Kafka*(New York: Farrar, Straus, and Giroux, 1984), p. 191.

이 아이러니에 주목해 보자. '집처럼'이라는 말이 아니고서는 자기만의 자리에 놓여 있다는 그 느낌을 전달할 방법이 없다. 그 말이 일으키는 도덕적 편안함을 포기해야 한다고 사람들에게 제안하기란 어려운 일이다. 하지만 그들이 그 편안함을 공유하지 않는 경우에는 어떻게 하나? 그들의 삶이 카프카의 K씨와 같다면 혹은 20세기의 망명자, 추방자, 난민, 무국적 생활인과 같다면 어떻게 하나? 그런 사람들에게 호텔은 매우 중요하다. 그들은 그 방, 그런대로 양호한 인간 수용 공간이 주는 보호를 필요로 한다. 그들은 보편적인 (최소주의적인 경우) 도덕 혹은 적어도 낯선 이들 사이에서 고안된 도덕을 필요로 한다. 하지만 그들이 공통적으로 원하는 것은 호텔에서 영원히 사는 것이 아니라, 새로운 집, 즉 그들이 어떤 소속감을 느낄 수 있는 두터운 도덕적 문화권에서 사는 것이다.

여기까지가 내 이야기이다. 하지만 도덕적 창안 과정에 대해 생각해 볼 수 있는 좀 더 그럴 듯한 방식이 또 하나 있다. 실제로 존재하는 (사회적) 도덕들이 그 주장대로, 신의 명령 혹은 자연법 혹은 (어떻게 이해되든 간에) 적어도 진정으로 가치 있는 도덕 원칙들을 포함한다고 가정해 보자. 이제 우리 목적은 새로운 창안이 아니다. 우리는 [새로운 창안을 해야 하는 것이 아니라,] 어떤 기존 도덕에 대한 입장이나 모델을 구성해야 한다. 편견이나 자기이익을 버무려 끼워 넣지 않고서 말이다. 이 때, 이 입장이나 모델은 원칙들 자체가 지닌 비판적 힘에 대한 분명하고 포괄적인 견해들을 우리에게 제공해 준다. 이제 우리는 바깥 공간에서 여행자들을 만나지 않고 안에서 혹은 사회적 공간에서 동료 성원들을 만난다. 우리는 우리 자신의 도덕적 이해, 원칙에 대한 우리의 반성적 자각에 비추어 보지만, 개인적 야망이나 이익에 대한 감각을 거의 다 걸러내려고 애쓴다. 우리의 방법은 다시 한번 인식적 부정이다. 이것은 롤즈에 따르면 이제 "재현(대표)의 장치"로 기능한다.13) 그래서 우리는 우리의 사회적 지위, 우리의 개인적 연결, 헌신에 관한 모든 지식을 버리지만 이번에는 우리가 공유한 가치들(자유와 평등과 같은 것)에 대한 지식은 버리지 않는다. 우리는 그 세계 내의 "어떤 특정한 관점에도 입각하지 않고서", 우리가 살아가는 도덕적 세계를 기술하고 싶어한다. 그 기술이 신중하게 고안되고 그 직접적 여건들이 매우 인위적일지라도, 그것은 실제로 있는 어떤 것에 대한 하나의 기술이다. 따라서 그것은 신적 계시라기보다 철학적 발견에 가깝다. 철학자의 그 창의성은 도덕적 현실을 이념형 안에 전환시키는 것에 있을 뿐이다.

이념화된 도덕은 그 기원상, 하나의 사회적 도덕이다. 그것은 신적인 것도 아니고, 또 그렇다고 인간 본성적인 것만도 아니다. 우리가 "그 민족의 음성을 하느님의 음성"이라고 믿거나, 인간 본성이 우리로 하여금 사회 안에 살도록 요구한다고 믿는 경우가 아니라면 말이다. 이런 두 견해 중 어느 것도 우리로 하여금 사람들이 말하는 모든 것, 혹은 모든 사회체제를 인정하게 만들지 않는다. 하지만 기존 도덕을 모델화하거나 이념화하는 기획은 그런 도덕의 가치에 대한 선행된 인정에 의존한다. 아마도 기존 도덕이 가치 있는 것은 이 점 때문이리라. 즉, 도덕적 사변을 하

---

13) Rawls, "Justice as Fairness: Political Not Metaphysical", *Philosophy and Public Affairs* 14. 3(1985): 236

기 위한 다른 출발점은 존재하지 않는다. 우리는 우리가 처한 곳에서부터 시작해야 한다. 하지만 우리가 처한 곳은 언제나 가치가 존재하는 특정 지점이다. 그렇지 않다면 우리는 결코 그곳에 정착하지 못했을 것이다. 내가 보기에, 그러한 논증들은 해석이라는 방법뿐 아니라 두 번째 의미의 최소주의적 창안이라는 방법에도 똑같이 중요하다. 그 중요성은 모델들과 이념형들을 구성할 때나 검증할 때 우리의 직관에 호소하는 창안의 철학자들이 인정하는 바이다. 직관은 도덕적 세계에 대한 반성 이전의, 철학 이전의 지식이다. 이것은 마치 맹인이 친숙한 집의 물건들에 대해 제시하는 설명과 같다. 그 친숙함이 결정적인 것이다. 여기서 도덕철학은 친숙한 것들에 대한 하나의 반성으로서, 우리 자신의 집에 대한 재창조로 이해된다.

하지만 이것은 하나의 목적을 지닌 비판적 반성이자 재창안이다. 즉, 우리는 우리의 직관들을 교정할 때, 바로 그 직관들로부터 구성해 낸 모델을 참조하면서 교정한다. 혹은 우리가 좀 더 확신하고 있는 직관들로 구성해 낸 모델을 참조하면서 좀 더 아리송한 직관들을 교정하게 된다. 우리는 도덕적 직접성과 도덕적 추상성 사이를, 그리고 직관적 이해와 반성적 이해 사이를 모두 오간다.14) 하지만 우리가 이해하려고 애쓰고 있는 것은 무엇인가? 그리고 어떻게 해서 그것에 대한 우리의 이해가 (그것이 무엇이든 간에) 비판적 힘을 가질 수 있을까? 이 때, 분명히 우리는 신의 법을 이해하려 한다거나 객관적 도덕을 파악해 내려 하

---

14) 참조. Norman Daniels, "Wide Reflective Equilibrium and Theory Acceptance in Ethics", *Journal of Philosophy* 76. 5(1979): 256-282

는 것이 아니며, 또한 전적으로 새로운 도시를 세우려고 하는 것도 아니다. 우리는 우리 자신 그리고 우리 자신의 원칙들과 가치들에 주목하고 있다. 그렇지 않다면, 직관은 쓸모가 없었을 것이다. 이 점은 또한 해석이라는 방법을 믿는 사람들이 주목하는 바이기 때문에, 나는 이제 그들에 대해 논하고자 한다. 그들도 역시 비판적 힘에 대한 문제에 각별히 직접적으로 직면하게 된다. 모든 해석이 그것이 이뤄지고 있는 '텍스트'에 의존해 있다고 한다면, 그것은 어떻게 그 텍스트에 대한 적절한 비판을 구성할 수 있을까?

우리는 여기까지의 논증을 하나의 유비로 유용하게 정리할 수 있겠다. 도덕철학에 있어서의 세 방법은 대강 말하자면, 정부의 세 부분에 비유될 수 있다. 발견은 행정부의 역할과 닮았다. 법을 발견하고 선포하고 그러고 나서 집행한다. 물론 집행은 보통, 철학적인 일은 아니지만, 자신이 참된 도덕 법칙을 발견했다고 믿는 사람들은 충분히, 그것을 집행하는 것이 자신의 선호에 상관없이 의무이길 바라거나 의무라고 믿기 마련이다. 모세의 예화는 이런 내키지 않는 의무감을 잘 보여준다. 마키아벨리와 같은 비종교적 작가는 모세를 입법가라고 칭했지만, 성서적 설명에 충실하게 본다면, 우리는 모세가 전혀 입법가가 아니었다는 점을 알 수 있다. 그는 법을 부여받아 사람들에게 가르쳤고 사람들로 하여금 그 법을 지키도록 했을 뿐이다. 그는 미적거리긴 했지만 적어도 가끔은 정열적인 정치 지도자였다. 이에 대한 명백한 철학적인 대응 사례는 플라톤의 철인왕이다. 철인왕은 선을 창조하지 않았지만 그것을 발견하며 아까의 상황과 비슷한 거리낌을 갖고서 세상에 그것을 실행하려 한다. 공리주의는 좀 더 직접적인 예를 보여준다. 마르크스주의가 과학적 발견이라는 또 다른 예를 보여주듯이 말이다.

발견 자체는 집행이 아니다. 즉, 그것은 단지 집행적 권위를 가리키고 있을 뿐이다. 하지만 창안은 처음부터 입법적이다. 왜냐하면 철학적 창안자들은 그들의 원칙에 (도덕) 법적 힘을 부여하려 하기 때문이다. 이 때문에, 창안은 대표 남녀들이 만들어낸 작품이라 할 수 있다. 이들은 우리들 중에 임의의 어떤 한 사람일 수 있기 때문에 우리 모두를 대변한다. 하지만 창안은 두 종류가 있다. 이 두 종류는 각각 두 종류의 다른 입법과정에 상응하고, 두 종류의 다른 대표 방식을 요구한다. 새로운 창안은 헌법 제정과 같다. 입법가들은 새로운 도덕 세계를 창조하기 때문에 모든 가능적, 잠재적 성원들을 대표해야 한다. 즉, 그 성원들이 어디에 살고 있든지, 현재 지닌 가치와 입장이 무엇이든지 상관없이 그들 모두를 대표해야 한다. 최소주의적 창안은 법률적 성문화 작업과 비슷하다. 입법가들이 성문화하려는 대상들은 이미 존재하고 있는 것이기 때문에, 이제 입법가들은 그 성문화를 필요로 하는 사람들을 대표해야만 한다. 즉 직관을 공유하고, 원칙들의 특정 체계에 (그 체계가 비록 혼란스러운 것일지라도) 몸담은 남녀 집단들을 대표해야 한다.

성문화 작업은 분명히 창안적이거나 구성적인 기획일 뿐만 아니라 해석적인 기획이기도 하다. 여기서 도덕철학의 두 번째 방법은 세 번째 방법에 가까워진다. 하지만 해석이 판결, 즉 사법부의 고유 업무인 것에 반해, 법조문은 여전히 하나의 법이나 법체계이다. 해석적 방법이 내세우는 주장은 단순히 이러하다. 즉,

우리는 우리가 제공한다고 생각했던 것들을 이미 갖고 있기 때문에, 발견이나 창안은 필수적이지 않다. 정치와 달리, 도덕은 행정적 권위나 체계적 입법을 필요로 하지 않는다. 우리는 늘 도덕세계 안에 살고 있기 때문에 그 세계를 발견할 필요가 없다. 그것은 철학적 방법에 합치하진 않아도, 이미 창안되어 있기 때문에 우리는 그것을 창안할 필요가 없다. 어떤 구성 절차도 자신의 구성을 지배한 적이 없었다. 그리고 그 구성의 결과는 당연히도 비체계적이고 불분명하다. 매우 뿌옇기까지 하다. 도덕 세계는 하나의 토착화된 성질을 가진다. 마치 많은 세대를 걸쳐 내려온 한 가문이 차지하고 있던 집 안에, 여기저기서 의도치 않게 얻은 부수물들과 추억이 담긴 물품, 유물들이 자리하고 있는 것처럼 말이다. 그 전체는 (하나의 전체라고 간주하면) 추상적인 모델보다는 충실한 기술에 의해 제시된다. 그런 설정에 놓인 도덕적 논증은 성격상 해석적이다. 그것은 상충하는 법과 판례들의 교착상태에서 의미를 발견하고자 노력하는 변호사 혹은 판사의 작업과 매우 가깝다.

하지만 누군가는 변호사와 판사들이 법률적 교착상태에 놓여 있기 마련이라 말할 수도 있을 것이다. 즉, 거기서 의미를 찾는 것이 그들의 일이며, 그 밖에 다른 곳을 바라볼 일은 없다. 법률적 교착상태, 아니 더 정확히 말해서, 그 안에서 찾아낼 수 있는 의미가 그들에게는 권위 있다. 하지만 그렇다고 왜 도덕적 교착상태가 철학자들에게 권위 있어야 하나? 왜 철학자들은 더 나은 권위를 찾으려고 다른 곳을 보아서는 안 될까? 우리가 발견하는 도덕은 신이 그것을 만들었기 때문이거나 그것이 객관적인 진리이기 때문에 권위를 얻는다. 우리가 창안해 내는 도덕은 어떤 누구라도 적절한 구성 절차를 채택해서 자신의 직접적이고 국지적인 자아로부터 적당한 거리를 둔 채 만들어낼 경우, 누구나 그것을 창안할 것이고 창안할 수밖에 없기 때문에 권위를 얻는다. 하지만 현존하는 도덕이 왜 권위가 있을까? 이 도덕은 단지 시간, 사건, 외부적 힘, 정치적 타협, 오류 가능하고 특수주의적인 의도들의 산물일 텐데? 이 질문에 대답하기 위한 가장 쉬운 방식은, 우리가 발견하고 창안해 내는 도덕이 우리가 이미 갖고 있는 도덕과 상당히 비슷한 것으로 늘 드러나며, 앞으로도 그러할 것이라고 주장하는 것일 터이다. 철학적 발견과 창안(신적 계시는 차치하고라도)은 위장된 해석이다. 사실, 도덕철학에는 단 한 가지의 방법만 있는 것이다. 이런 견해를 따르면, 발견자들과 창안자들이 지닌 진지한 포부 혹은 때론 위험한 추정을 공정하게 다루지 못하는 것이겠지만 이 견해는 내 마음을 유혹한다. 하지만 나는 처음의 두 방법을 따를 수 있음을 부정하거나 그런 일을 하는 사람들이 사실은 다른 일을 하고 있는 것이라고 주장하고 싶지는 않다. 정말로, 발견물들과 창안물들은 존재한다. 공리주의가 그 예가 된다. 하지만 좀 더 새로운 것일수록, 그것들은 강한 논증 혹은 그럴 듯하기까지 한 논증을 만들어내기 쉽지 않다. 도덕적 논증의 경험은 해석적 방식을 통해야 가장 잘 이해된다. 우리가 논증할 때 하는 일은 실제로 현존하는 도덕에 대한 설명을 제공하는 것이다. 그 도덕이 우리에게 권위적인 이유는, 그런 도덕이 있어야만 우리가 도덕적 존재로 존재할 수 있기 때문이다. 우리의 여러 범주, 관계, 헌신, 열망은 모두 현존하는 도덕에 의해 형성되고, 그 도덕의 견지에서 표현된다. 발견과 창안은 도덕적 존재를 판단할 어떤 외적이고 보편적인 기준을 찾으려고 밖으로

나가는 노력이다. 그 노력은 칭찬할 만하나, 내 생각에, 불필요한 일이다. 존재에 대한 비판은 존재 자체에 내재한 원칙들로부터 시작하거나 시작할 수 있다.

누군가는 이렇게 말할 수도 있을 것이다. 도덕적 세계는 우리에게 반성적 힘과 비판적 힘을 포함하여 도덕적 생활을 영위하는 데 필요한 모든 것을 제공하기 때문에 우리에게 권위를 얻는다고. 분명히 어떤 도덕들은 다른 도덕들보다 좀 더 '비판적'이지만, 그렇다고 그것들이 더 훌륭하다(혹은 더 형편없다)는 점을 의미하지는 않는다. 그 도덕들은 대개 그 도덕의 주창자들이 필요로 하는 것을 제시하기 쉽지만, 동시에, 그 도덕의 비판적 능력은 늘 사회 구조 그 자체와 그 사회의 지배적인 집단이 요구하는 '필요'를 넘어 확장한다. 나는 기능주의적 입장을 옹호하려는 것이 아니다. 도덕적 세계와 사회적 세계는 많은 적든 어느 정도 긴밀히 연결되어 있지만 그 양자는 그 정도보다 더 많이 긴밀하지는 않다. 도덕은 늘 계급과 권력을 전복시킬 잠재된 힘을 지닌다.

나는 2장에서 전복이 늘 가능한 이유와 전복이 실제로 일어나는 방식에 대해 논하려 한다. 하지만 지금으로서는 도덕적 논증이 대부분의 경우 그 특성상 해석이라는 주장을 정교화해야 한다. 이 주장은 사법적 유비와 관련해서 좀 더 설득력 있어 보인다. 왜냐하면 변호사와 판사들이 흔히 마주치는 문제는 해석을 요구하는 형태를 취하기 때문이다. 즉 "법률적으로나 헌법적으로 어떤 일이 이뤄져야 할까?"와 같은 문제의 형태이다. 그 문제에 대답하기 위한 참조틀은 특정한 법체계이거나 특정한 헌법 원전이며, 그 법률들 혹은 헌법 원전에 대한 설명을 제공하지 않고서는 그 문제에 대답할 방법이 없다. 법률들과 헌법 원전 중 어느 것도, 각기 주장을 내세우는 당사자들이 촉구하는 다른 행동들을 평가할 만한 잣대의 단순성과 엄밀성을 갖지 못한다. 그런 잣대가 없기 때문에, 우리는 주석, 논평, 역사적 판례, 논증과 해석의 전통에 의존한다. 제시된 어떤 해석은 물론, 논란의 여지가 있을 것이지만, 우리가 해석하고 있는 것이 무엇인지에 대해 혹은 그 해석적 노력의 필요성에 대해서는 거의 이론의 여지가 없다.

하지만 도덕을 논하는 일상인들이 보통 처하는 문제는 다른 형태를 가진다. 즉, 무엇을 해야 옳은가? 그리고 그 문제의 참조 틀이 무엇인지 혹은 우리가 그것에 대답하려면 어떻게 해야 하는지에 대해 지금 확실한 것은 없다. 그 문제가 현존하는 특정 도덕의 해석에 관한 것 같지는 않다. 왜냐하면 도덕은 아무리 해석된다고 해도, 무엇을 하는 것이 옳은 일인지 말해 주지 않을 수도 있기 때문이다. 아마도 우리는 더 나은 도덕을 찾거나 창안해 내어야 할 것이다. 하지만 우리가 그 논증 과정을 따르고, 그것에 귀 기울이고, 그것의 현상학을 연구한다면, 그 진정한 주제는 주장자들이 서로 공유하는 특정한 도덕적 생활이 지닌 의미라는 것을 우리는 알게 될 것이다. 옳은 행위에 대한 일반적인 문제는 재빨리 좀 더 특정한 어떤 문제로 바뀐다. 가령, 재능에 따른 역할 부여에 관한 문제로, 그러고 나서는, 기회 균등, 적극 지원 정책, 비율할당제에 관한 문제로 전환하게 된다. 이런 일들은 법적 해석을 요구하는 헌법의 사안이라고 생각될 수 있다. 하지만 그것들은 도덕적 사안이기도 하다. 그러고 나서 그것들에 대해 우리는, 역할이란 무엇인지, 우리가 인정해야 하는 것은 어떤 종류의 재능인지, 기회 균등이 하나의 '권리'인지, 그리고 그러하다면 그 권리가 요구하는 사회 정책은 어떤 것인지 논의해야 한다. 이런 문제들은 도덕적 담론의 한 전통 안에서 추구된다. (진정, 그 문제들은 그 전통 내에서만 일어난다.) 그리고 그것들은 그 담론의 어법을 해석함으로써 추구된다.15) 그 논의는 우리 자신에 관한 것이다. 우리 삶의 방식이 지니는 의미가 바로 쟁점이 되는 것이다. 우리가 궁극적으로 대답할 일반적인 문제는 우리가 처음에 물은 바로 그 문제가 아니다. 그 문제에 중대한 부가 사항이 붙는다. 즉, 우리에게 있어 옳은 일은 무엇인가?

그럼에도 불구하고, 도덕적 문제가 보통, 법적 문제보다는 더 일반적인 용어로 제시된다는 점은 맞는 말이다. 그 이유는 도덕이 사실상 법보다 더 일반적이라는 점밖에 없다. 도덕은 그런 기본적인 금지들(살인, 기만, 배신, 대규모 잔악 행위에 대한 금지)을 제시한다. 이 금지들을 법이 명시화하고 경찰이 종종 집행한다. 가정해 보건대, 우리는 한 걸음 물러서서, 우리 자신을 국지적인 관심으로부터 떨어뜨려 놓고 이런 금지들을 '발견'할 수 있다. 하지만 우리는, 말하자면, 도덕적 경험들이 좀 더 친숙하게

---

15) 어린이들이 부모의 직업과 지위를 물려받고 그 직업과 지위에 대해 알아야 하는 것들을 대개 부모로부터 배우는 사회의 경우, '재능에 따른 역할 부여'는 그럴 듯한 생각 혹은 이해 가능한 생각조차도 아닐 수 있다. 어떤 한 역할을 계획한다는 것(planning a career)은 인간들이 보편적으로 경험하는 바가 아니다. 자신이 그런 경험을 주도했다고 인식하지 않는다고 해서 혹은, 그런 경험이 우리에게 갖는 중심성과 똑같은 중심성을 그 경험에 부여하지 않는다고 해서 그 사람들이 도덕적으로 미개하다고 생각할 이유는 없다. 우리는 그런 경험을 그들에게 강제해야 할까? (우리는 그것을 어떻게 할 것인가?) 점증하는 사회적 분화가 이뤄져야 그 경험은 유용한 것이 되며, 동시에 그 의미에 대한 논의에 필요한 도덕적 언어를 공급하게 될 것이다.

알려져 있는 상황인 도덕적 경험의 덤불 속으로 걸어 들어갈 수도 있다. 왜냐하면 도덕적 경험들은 그 자체로 지역적 관심들, 즉 인간이 살고 있는 모든 지역의 관심사들이기 때문이다. 우리는 이런저런 구성절차를 채택하고 금지들을 '창안'할 수 있다. 우리가 최소한도로 봐줄 만한 공간, 즉 호텔을 창안해 낸 정도로 말이다. 하지만 우리는 또한 그 금지들이 인식되고 수용되어 온 실제 역사적 과정들을 연구할 수 있다. 왜냐하면 그 규범들은 거의 모든 인간 사회에서 받아들여졌기 때문이다.

이런 종류의 금지들은 일종의 최소적이고 보편적인 도덕규범을 구성한다. 그것들은 최소적이고 보편적이기 때문에('거의 보편적'이라고 해야겠다. 엉뚱한 인류학적 사례 때문에 반론당하지 않으려면 말이다.) 철학적 발견 혹은 창안들로 재현될 수 있다. 자신을 세계로부터 동떨어진, 집 없는, 길 잃은 나그네라고 상상하는 한 사람이 그것들을 생각해 내는 것은 당연할 수도 있다. 그것들은 한 사람의 독백의 결과로서 생각될 것이다. 하지만 사실상 그것들은 많은 사람들의 이야기, 즉 임시적이고, 간헐적으로 지속되고, 끝없이 이어지는 실제 대화들의 결과이다. 그것들은 발견되거나 창안된다기보다, 발생하는 금지들이며, 많은 햇수를 거듭하고 시행착오를 거치고, 실패적이고 편파적이고 불안정한 이해들로부터 나온 산물이라고 봐야 가장 적절할지도 모른다. 흄(David Hume)이 ('점유의 안정성'을 위해) 도둑질 금지에 대해 제시한 것처럼 말이다. 흄은 도둑질 금지 원칙이 "점진적으로 발생하고, 느린 진행과정을 통해 그 규칙의 위반이 주는 불편함을 우리가 반복적으로 경험함으로써 힘을 얻는다"고 보았다.16)

하지만 이런 보편적 금지 규칙들은 그것 자체로만으로는, 충분히 발달된 혹은 삶에 적용 가능한 도덕의 형태를 거의 확정하지 못한다. 그것은 가능한 모든 (도덕적) 생활에 대해 하나의 틀을 제공하지만, 그 틀은 어느 누군가가 실제로 어떤 방식을 택하여 그 안에서 실제로 살 수 있기 전에 채워져야 할 세부내용을 아직 갖추고 있지 않다. 그것에 관한 대화들이 끊임없이 지속되고 그것에 관한 이해들이 두텁게 쌓이고 나서야 우리는 세부적으로 구현된 여러 인격과 사물의 가치, 좋음, 판단을 담은 도덕적 문화와 같은 어떤 것을 얻게 된다. 우리는 최소적 규범으로부터 도덕적 문화 혹은 해당 법률체계를 단순히 연역해 낼 수 없다. 이 둘 모두는 그 최소적 규범을 세부화하고 정교화한 것들이며, 그 규범에 토대를 둔 변용이다. 연역은 도덕과 법에 대한 단일한 이해를 발생시킬 테지만, 세부화, 정교화, 변용은 성격상 필연적으로 다원적이다.

　나는 그 다원주의를 피할 방식이 없다고 본다. 하지만 그것을 피할 수 있다면, 도덕과 법에서 똑같이 피할 수 있을 것이다. 이런 점에서 그 둘 간에 차이는 없다. 가령, 우리가 살인, 기만, 배신에 대한 선험적인 정의들을 가졌다면, 도덕적, 법적 세부화 작업은 필연적인 종결을 향하는 연역적 단계들의 연결과정으로 그럴 듯하게 형성될 수 있었을 것이다. 하지만 우리는 그런 정의를 갖고 있지 않으며 그래서 도덕과 법 양 경우 모두 우리는 사회적으로 창조된 의미들에 의존한다. 도덕적 질문은 형식에 있어 일반적인데 그 이유는 그것이 사회적 의미뿐 아니라 최소적 규범을 가리키기 때문이다. 반면 법적 질문은 좀 더 세부적인데 그

---

16) Hume, *A Treatise of Human Nature*, bk.3, pt.2, ch.2.

이유는 그 법 안에 확립된 사회적 의미들에만 의거하기 때문이다. 하지만 후자의 질문에 대답하는 것과 마찬가지로 전자의 질문에 대답하는 것에 있어서 우리의 방식은 해석적일 수밖에 없다. 그 밖에 다른 할 일은 없다. 왜냐하면 최소적 규범이 그 자체만으로는 양 쪽 질문 중 어떤 것에도 대답할 수 없기 때문이다.

그 밖에 다른 할 일이 없다는 주장은 내가 처음 꺼냈던 주장보다 강한 주장이다. 가정해 보건대, 우리는 늘 새롭고도 충분히 발달된 도덕을 발견하거나 창안할 수 있다. 정말로, 그 도덕이 역할 수행으로서의 인생이라는 역사적으로 특정한 가치관에 이르려면 그 도덕은 충분히 발달되어야 할 것이다. 우리가 해석적 기획들이 결코 결정적인 종결에 이르지 않고 계속 진행되는 모습을 볼 때, 여전히 우리는 발견이나 창안에 솔깃할 수도 있을 것이다. 발견과 창안 역시 당연히 종결을 만들어내지 않는다. 그리고 발견과 창안이 실패하게 되는 방식을 잠깐 성찰해 보는 것도 재미있는 일이다. 그것들이 실패하는 부분적인 이유는 가능한 형태의 발견과 창안이 무수하다는 것, 열렬한 발견자들과 창안자들이 끝도 없이 계속 나타난다는 것 때문이다. 하지만 그것들이 실패하는 또 다른 이유는, 어떤 집단의 사람들 사이에서 특정한 발견이나 창안이 받아들여져도 그 받아들여진 것의 의미에 대한 논쟁들이 즉시 발생한다는 점 때문이다. 준칙은 간단하다. 즉, 모든 발견과 창안(신법이 확실한 예이다)은 해석을 요구한다.

누군가는 이렇게 말할 수도 있을 것이다. 그 점은 정확히 맞고, 그것은 해석이 도덕적 논증의 친숙한 형태인 이유를 설명한다. 그것은 나름의 자리매김과 의의를 지닌다. 하지만 '정상 도덕'의 기간 — 토마스 쿤(Thomas Kuhn)이 기술한 정상 과학의 기간에서처럼 잘 작동되는 기간 — 에만 그러하다. 그 기간은 발견과 창안의 혁명적 시기, 패러다임 위기의 시기들 사이에 놓여 있다.17) 하지만 도덕에 관한 한, 이런 견해는 현실적인 역사라기보다는 감상적인 드라마와 같다. 분명히 역사적으로 중대한 발견과 창안이 있어 왔다. 신대륙, 중력, 전자기 파동, 원자력, 인쇄기, 증기기관, 컴퓨터, 강력한 피임도구. 이런 모든 것들은 우리의 생활방식, 그리고 우리가 사는 방식에 대한 사고방식을 변형시켜 왔다. 더 나아가, 그 발견과 창안들은 중세 유대인 철학자 유다 할레비(Judah Halevi)가 종교에 대해 말한 다음과 같은 논증에서처럼 계시가 주는 힘과 갑작스러움을 동반하며 발생했다. "신적인 기원을 가진 종교는 갑작스럽게 생겨난다. 그것은 생겨나도록 명령되고, 그러고 나서 존재하게 된다."18) 우리는 (세속적인) 도덕적 경험에 있어서도 그런 것을 찾아볼 수 있을까? 효용의 원칙이 그런 것일까? 인권이 그런 것일까? 아마도 그럴지도 모르겠다. 하지만 도덕적 변형은 과학과 기술의 변형보다는 훨씬 더 느리게, 훨씬 덜 결정적으로 일어나는 것 같다. 그리고 도덕적 변형은 더 큰 사실적 지식 혹은 확장된 인간의 능력이 진보적인 것만큼 뚜렷이 진보적이지도 않다. 우리가 도덕적 진보를 인정할 수 있다면, 그것은 새 원칙의 발견이나 창안과 관련 있다기보다 예전에 배제된 사람들을 옛 원칙들 안에 포함시키는 것과 관련 있다. 그리고 그것은 (패러다임 위기의) 철학적 사변의 문제라기보다 (숙

---

17) Kuhn, *The Structure of Scientific Revolutions*(Chicago: University of Chicago Press, 1962).

18) Halevi, *The Kuzari*, trans. Hartwig Hirschfeld(New York: Schocken, 1964), p.58

달된) 사회비판과 정치투쟁의 문제이다.

우리의 도덕적 주장들에 쉽게 구현될 수 있는 발견과 창안과 같은 것들(지금으로서는 강제로 부과된 발견과 창안을 논외로 하고)은 이런 우리의 도덕적 논증들에 대해 결정적인 영향을 주기 어렵다. 우리는 다음과 같은 평등 문제를 가장 중요하게 다루는 롤즈의 차등 원칙을 둘러싸고 성장해 온 문헌들 속에서 이 점을 조금 엿볼 수 있다. 즉, 차등 원칙은 실제로 얼마나 평등주의적인 효과를 가질까? 그리고 그것은 얼마나 평등주의적으로 의도되었나? 그것은 얼마나 평등주의적이어야 하나? 차등 원칙이 강한 의미로든 약한 의미로든 하나의 창안인지, 혹은 그 원칙이 우리의 현존 도덕에 대한 잘된 해석인지, 잘못된 해석인지에 관해 더 깊은 논의는 제쳐두자. 그것이 무엇이건 간에, 그것은 결정적이고 최종적인 답이 없는 문제들을 제기한다. 차등 원칙은 '갑자기' 발생했을 수도 있다. 하지만 차등 원칙은 '거기에' 존재하고 있었던 것은 아니다.

그러나 여전히 내가 방금 늘어놓은 문제들에는 더 좋은 답들과 덜 좋은 답들이 존재한다. 더 좋은 답들 중 어떤 것들은 원칙 자체로 발전될 것이고 그러고 나서 그 답들이 해석의 대상이 될 것이다. 우리는 더 좋은 답을 어떻게 인식할 수 있을까? 정확한 도덕 이론의 도움 없이는 어떤 것이 더 좋은 답인지 결코 합의할 수 없다는 주장은 종종 도덕철학의 한 방법인 해석에 대한 반론으로서 제기된다.[19] 하지만 내가 지금 상상하고 있는 경우, 즉

---

19) 이것은 나의 책 *Spheres of Justice*(New York: Basic Books, 1983)에 대한 로날드 드워킨의 반론이다. 그의 다음 논문을 참조하라. "To Each His Own", *New York Review of Books*, April 14, 1983, pp.4-6; 연이

차등 원칙의 경우에 있어서는 우리가 해석의 방법으로 가게 되는데, 왜냐하면 정확한 도덕 이론의 취지가 무엇인지, 혹은 몇몇 독자들은 무엇을 정확한 도덕으로 여기는지에 관해 우리는 이미 불일치하고 있기 때문이다. 불일치를 끝낼 결정적인 방법은 없다. 하지만 차등 원칙에 관한 가장 좋은 설명은 그 설명을 다른 미국적 가치들(동등한 보호, 기회 균등, 정치적 자유, 개인주의)과 정합적이게 만들고 인센티브와 생산성에 관한 그럴 듯한 어떤 견해에 연결시키는 설명일 것이다. 우리는 가장 좋은 설명이 무엇이냐에 관해서는 논쟁할 수 있을 테지만, 우리는 우리가 찾고 있는 것을 대강은 알 것이며, 그다지 어렵지 않게 부석절하거나 나쁜 많은 설명들을 배제할 것이다.

이 지점에서 내가 이해한 식의 해석과 마이클 오크숏(Michael Oakeshott)의 '암묵적 지식들에 대한 추구(pursuit of intimations)'를 대조하는 것이 도움이 되겠다. 그가 내세운 개념은 명백히 해석적 기획이지만 그것은 상당히 제한되어 있다. 왜냐하면 오크숏은 '일반 개념들'(자유 혹은 평등 혹은 지금 문제에 있어서는 차등 원칙)을 전혀 참조하지 않고, '행동의 전통'과 일상적인 사회 제도들의 암묵적 지식들만을 좇으려고 하기 때문이다. 하지만 한 민족의 공유된 이해는 종종 일반 개념, 즉 역사적 이념들, 그 이념의 공적 표현, 그것의 기초가 되는 전거들, 그것에 관한 의례들을 통해 표현된다. 도덕적 문화를 구성하는 것은 인민들이 하는 행동뿐 아니라 그 행동을 설명하고 정당화하는 그들의 방식,

---

은 논쟁 교환에 대해서는 다음을 참조하라. *New York Review of Books*, July 21, 1983, pp.43-46.

그리고 그들이 전하는 이야기, 그들이 기대고 있는 원칙들을 설명하고 정당화하는 그들의 방식이다. 이 때문에, 문화는 오크숏이 말하는 '부정합성'(일상적 관행들 사이의 부정합성)뿐 아니라 모순(원칙과 관행 사이의 모순)의 가능성도 지니고 있다. 그렇게 되면, 해석은 언제나, 그가 선호하는 형태, 즉 '논증이 아닌 대화'의 형태일 수만은 없다. 오크숏이 "가장 추구할 만한 가치가 있는 암묵적 지식을 이끌어낼 수 있도록 해주는 오류 수정 기구는 존재하지 않는다"라고 주장한 것은 옳다.20) 정말로 그런 기구는 없다. 하지만 그렇다고 해서 그것에 대한 추구가 오크숏이 생각한 것 이상으로 상당히 더 진전하지는 않을 거라고(진전한 적이 없다고) 할 수는 없다. 그리고 그것에 대한 추구가 그렇게 진전해 가는 과정에서, 대화는 자연스럽게 논증으로 변한다.

마치 우리의 사고가 현실의 도덕적 사실들을 곧바로 사용하는 양, 우리는 해석을 통해 실제의 현존 도덕에 대한 실증주의적 독해, 도덕적 사실의 기술을 하는 것이 아니다. 그런 류의 도덕적 사실들이 있지만, 도덕적 세계의 가장 재미있는 부분은 오직 원칙상으로만 사실적인 문제들이다. 반면, 실제에서 그것들은 '독해되고', 간주되고, 해석되고, 주석이 달리고, 명료화되는 것이지 단지 기술되는 것이 아니다. 우리 각자는 이런 모든 일에 연루되어 있다. 우리 모두는 우리가 공유하는 도덕의 해석자이다. 그렇다고 해서, 다른 모든 것들을 모아놓은 총합, 개괄적 연구의 복잡한 한 조각의 산물을 모아놓은 총합이 가장 훌륭한 해석이라

---

20) Oakeshott, *Rationalism in Politics*(New York: Basic Books, 1962), pp. 123-125

는 것은 아니다. 마치, 모든 현실적 독자들의 반응을 다 개괄하는 메타적 독해가 시에 대한 가장 좋은 독해인 것은 아니듯이 말이다. 가장 좋은 독해는 다른 독해들과 종류에 있어 다른 것이 아니라, 성질에 있어 다른 것이다. 가장 좋은 독해는 좀 더 강력하고 설득력 있게 그 시를 조명해 보는 것이다. 아마도 가장 좋은 독해는 예전에 오해된 어떤 상징이나 표현을 잡아 새롭게 읽어내고, 시 전체를 재해석하는 것이다. 도덕적 해석도 마찬가지이다. 도덕적 해석은 이미 수용된 견해를 때로는 확인하고 때로는 도전한다. 그리고 만약 우리가 그런 확인과 도전에 동의하지 않는다면, 다시 '텍스트' ― 도덕적 세계를 구성하는 여러 가치들, 원칙들, 규범들, 그리고 관습들 ― 로, 그리고 그 텍스트의 '독자들'에게로 돌아가는 수밖에 없다.

　내 생각에, 독자는 실질적 권위자이다. 우리는 독자들의 승인을 얻기 위해 우리의 해석을 내세운다.[21] 하지만 독자들이 승인하지 않으면 이 문제는 종결되지 않는다. 독자들은 다시 읽으면서 마음을 바꾸기도 하며, 독자의 구성도 또한 변화한다. 우리는 언제나 논증을 새롭게 할 수 있다. 그 논증에 대한 내 견해는 탈무드 이야기를 통해 가장 잘 설명될 수 있다. 왜냐하면 탈무드는

---

21) 내가 의미하는 독자는 가장 넓은 의미의 독자이며, 해석 공동체의 성원이라 할 수 있는 이런저런 류의 해석가, 전문가, 달인들만을 포함하지는 않는다. 이런 사람들은 물론 가장 신랄한 독자이긴 하지만, 중개적 청중일 뿐이다. 도덕 문화에 대한 해석은 그 문화에 참여하는 모든 사람들을 겨냥한다. 그들은 소위, 경험을 공유하는 한 공동체의 성원이다. 그들이 그 문화 속에 있는 자신을 깨달을 수 있다는 것은 성공적인 해석을 나타내는 충분한 징후까지는 아니지만, 필요한 징후이다. 다음 책도 참조해 보라. Geuss, *Idea of a Critical Theory*, pp.64-65

성격상 법적인 동시에 도덕적인 해석들의 모음집이기 때문이다. 이 이야기의 배경은 「신명기」 30장 11절에서 14절까지의 글이다.

내가 오늘 너희에게 명령하는 이 계명은 너희에게 힘든 것도 아니고 멀리 있는 것도 아니다. 그것은 하늘에 있지도 않다. 그러니 "누가 하늘로 올라가서 그것을 가져다가 우리에게 들려주리오? 그러면 우리가 실천할 터인데." 하고 말할 필요가 없다. 또 그것은 바다 건너편에도 있지도 않다. 그러니 "누가 바다 저쪽으로 건너가서 그것을 가져다가 우리에게 들려주리오? 그러면 우리가 실천할 터인데." 하고 말할 필요도 없다. 사실 그 말씀은 너희에게 아주 가까이 있다. 너희의 입과 너희의 마음에 있기 때문에, 너희가 그 말씀을 실천할 수 있는 것이다.

나는 그 탈무드 이야기를 그대로 인용하지 않고, 재진술해 보겠다. 왜냐하면 이런 이야기들은 암송되는 것보다는 이야기되는 것이 더 좋기 때문이다.22) 그 이야기는 어떤 학자 집단 가운데 일어난 논쟁에 관한 것이다. 논쟁되었던 주제는 중요하지 않다. 랍비 엘리저는 상상 가능한 모든 논증을 제시했지만 동료들을 설득하는 데에 실패했던 소수자였고, 논쟁 중에 혼자 있었다. 그는 약이 올라 신의 도움을 청하였다. "신의 법이 내가 말한 대로라면, 이 캐럽나무가 그것을 증명하게 해주십시오." 그 말이 떨어지자, 캐럽나무가 공중으로 100큐빗이나 들려졌다. 어떤 이가 전하는 바에 따르면, 400큐빗이나 들려졌다고 하기도 한다. 랍비

---

22) Baba Metzia 59b. 다음도 참조하라. Gershom Scholem, *The Messianic Idea in Judaism*(New York: Schocken, 1971), pp.282-303.

요수아는 다수파를 대변하여 이렇게 말했다. "우리는 캐럽나무로부터 어떤 증명도 찾지 못했소." 그러자 랍비 엘리저가 신에게 말했다. "신의 법이 내가 말한 대로라면, 이 물줄기더러 증명하라고 해주십시오." 이 때 즉시 물줄기가 거꾸로 흐르기 시작했다. 하지만 랍비 요수아는 또 이렇게 말했다. "우리는 물줄기로부터 어떤 증명도 찾지 못했소." 이에 다시 랍비 엘리저가 말했다. "신의 법이 내가 말한 대로라면, 이 학교 담장이 증명하도록 해주십시오." 그러자 담장이 무너지려고 했다. 하지만 랍비 요수아는 담장을 꾸짖으며, 도덕 법칙에 관한 학자들 간의 논쟁에 담장이 간여할 바가 아니라고 말했다. 그러자 담장이 무너지기를 멈추며 오늘날까지 여전히 서 있게 되었다. 물론 비스듬하게 말이다. 이에 랍비 엘리저가 신이 몸소 나설 것을 요청하였다. "신의 법이 내가 말한 대로라면, 하늘로부터 증명되게 해주십시오." 그러자, 어느 목소리가 이렇게 들려왔다. "너희는 왜 랍비 엘리저의 말에 대해 이러쿵저러쿵 논쟁하느냐? 모든 것에 있어서 신의 법은 그가 말한 대로 있단 말이다." 하지만 랍비 요수아는 똑바로 서서 이렇게 외쳤다. "그것은 하늘에 있지 않습니다!"

다시 말해서, 도덕은 우리가 논쟁해야 하는 어떤 것이다. 그 논쟁은 공유된 바를 함축하지만 공유된 바가 합의를 함축하지는 않는다. 도덕적 지식에 대한 어떤 전통, 어떤 체계가 존재한다. 그리고 논쟁하는 이러한 학자 집단이 존재한다. 그 밖에 다른 것은 존재하지 않는다. 어떤 발견이나 창안도 그 논쟁을 종식시킬 수 없다. 어떤 '증명'도 (일시적이나마) 다수의 학자들보다 우선권을 갖지 못한다.23) 이것이 바로 "그것은 하늘에 있지 않습니다"라는 말의 의미이다. 우리는 논쟁을 계속해야 한다. 아마도

52

그 때문에, 이 이야기는 우리에게 내용상의 문제에 관해 랍비 엘리저가 옳은지, 랍비 요수아가 옳은지 여부를 말해 주지 않는다. 하지만 절차상의 문제에 이어 랍비 요수아가 정확히 옳았다. 이제, 문제는 계시를 포기한 랍비 요수아, 그리고 발견과 창안을 포기해 온 그 당시의 후손들이, 여전히 실제 세계에 대해 유용한 어떤 것, 즉 비판적인 어떤 것을 말할 수 있느냐는 것이다.

---

23) 「시편」 12장 7절("주님의 말씀은 … 흙도가니 속에서 일곱 번이나 정제된 순은이어라.")에 대한 미드라쉬 주해를 참조하라. "랍비 얀나이가 이렇게 말하였다: 토라의 말씀은 명확한 결정으로서 제시되지 않았다. 왜냐하면, 거룩하시고 축복받으실 그 분이 모세에게 하신 모든 말씀으로써, 그 분은 모세에게 어떤 사안이 깔끔하게 증명되게 할 49개의 논증들과 그 사안이 불분명하게 증명되게 할 49개의 다른 논증들을 주셨기 때문이다. 모세가 '삼라만상의 주인이시여, 어떻게 해야 우리가 법을 바르게 감지할 수 있을까요?'라고 여쭈었을 때, 신은 '다수를 따를지어다'라고 대답하셨다." 다수는 자의적인 결정을 하지 않는다. 다수의 성원들은 98개 논증들 중에 최선의 것을 탐구한다. *The Midrash on Psalms*, trans. William G. Braude(New Haven: Yale University Press, 1959), I, 173.

제 2 장

사회비판의 활동

제 2 장

사회비판의 활동

사회비판은 매우 많은 사람들이 이런저런 식으로 참여하는 공동 활동이라서, 우리는 그것이 철학적 발견이나 창안에 의존하지 않는다는 점을 애초에 생각해 봐야 한다. 그 말 자체에 대해 생각해 보자: '사회비판'은 '문예비평'과 다르다. '문예비평'이란 말에서 '문예'는 '비평'이라는 말이 가리키는 업무의 대상만을 말한다. 하지만 '사회'는 그 업무의 주체에 대해서도 무언가 의미하는 바가 있다. 사회비판은 하나의 사회활동이다. '사회'란 말은 '자기비판(self-criticism)'에서 '자기'와 같이 주체와 대상을 동시에 명명하는 대명사적, 재귀적 기능을 가진다. 물론, 사회는 그 자신을 비판하지 않는다. 사회비판가들은 개별적인 사람들이지만, 보통은 [한 공동체의] 성원들이며, 그들은 동료 성원들에게 공적으로 대화하며, 동료 성원들은 이 대화에 참여하여, 집단적 생활의 여건에 대한 집단적 반성을 구성한다.

이것은 사회비판에 대한 약정적 정의이다. 나는 이것만이 가능하고 정확한 정의라고 주장하려는 것이 아니라, 우리가 사전의 일상적 목록을 상상할 경우 이런 것이 먼저 등장할 것이라는 주장을 하는 것뿐이다. 이에 대한 반론은 내부로부터의 반성이 이 목록에 속한다는 것을 부정한다. 그런 반성[내부로부터의 반성]이 어떻게 만족스러운 형태의 반성일 수가 있단 말인가? 집단생활의 여건 — 직접성, 밀착, 감정적 애착, 국지적 시각 — 은 비판적인 자기이해에 역행하지 않나? 누군가가 소유대명사를 강조하면서 "우리나라"라고 말할 때, 그는 그 말에 뒤이어 "옳건 그르건"이라고 말하기 마련 아닌가? 스티븐 디카투(Stephen Decatur)의 유명한 축배의 말은 비판을 배제하는 헌신의 예로 종종 제시된다. 물론, 1872년 미국 상원에서 칼 슈르츠(Carl Schurz)가 "옳건 그르건 우리나라이지! 옳은 것이 계속 옳은 것으로 유지될 때도, 그른 것이 옳게 고쳐질 때도"라고 말했듯이, 우리는 여전히 '그른 것'이라고 말할 수 있기 때문에, 반드시 그 반론이 맞는 것은 아니다. 우리나라가 나쁘게 행동할 때에도, 그 나라는 여전히 우리나라이고 아마도 우리는 각별히 우리나라의 정책을 비판할 의무도 갖게 될 것이다. 하지만 여전히 소유대명사가 문제이다. 우리가 나라와 자신을 더 가까이 동일시하면 할수록, 그래서 우리가 함께 언급되면 될수록, 우리가 우리나라의 잘못을 인식하거나 인정하는 것은 더 어려워진다. 비판은 비판적 거리를 요구한다.

하지만 비판적 거리가 얼마나 먼 거리인지 분명하지 않다. 사회비판가가 되기 위해서는 어느 지점에 서 있어야 하나? 이 문제에 대한 전통적 의견은, 그러려면 우리는 집단적 생활의 공통 여건 밖에 서 있어야 한다는 것이다. 비판은 외부적인 활동인 것이다. 그것을 가능하게 하는 것은 근본적인 초연함(radical detach-ment)이다. 이것은 두 가지 의미를 지닌다. 첫째, 비판가는 감정상 초연해야 한다. 멤버십에서 나오는 친밀감과 따뜻함으로부터 헤쳐 나와서 느슨해져야 한다. 즉 무사심하고 냉정해야 한다. 둘째, 비판가는 지적으로 초연해야 한다. 자기가 속한 사회의 국지적인 이해방식들(통상적으로 자화자찬인 이해들)로부터 헤쳐 나와서 느슨해져야 한다. 즉, 열린 사고와 객관성을 지녀야 한다. 비판가에 대한 이런 시각은 비판이 철학적 발견과 창안의 조건들과 더 가까이 부합한다는 점에서 힘을 얻고 있으며, 발견자나 창안자 혹은 발견과 창안에 의해 무장된 사람들이 비판을 잘 수행할 수 있다고 주장하는 것으로 보인다.

근본적인 초연함은 비판자를 영웅으로 변모시키는, 부가적이지만 결코 시시하지 않은 장점이다. 왜냐하면 감정적으로나 지적으로 얽매어 있는 곳으로부터 자신을 헤쳐 나오게 한다는 것은 (사회마다 정도의 차가 있겠지만) 어려운 일이기 때문이다. "어둠 속을 … 홀로" 걷는 것은 광명에 이르는 길을 간다 할지라도 두려운 일이게 마련이다. 비판가는 비판적 거리를 이뤄내야 하고, 이를 위해 평안과 연대감을 포기한다. 하지만 적절히 단절된 입장을 찾는 데에서 오는 어려움은 일단 그 입장에 들어섰을 때 비판이 용이해짐으로써 보상된다고 봐야 한다.

내가 근본적인 초연함을, 급진적 사회비판의 선결조건은 고사하고 사회비판의 선결조건으로도 보지 않는다는 것은 놀라운 일이 아니다. 그것이 실제로 얼마나 적은 사람에게 해당되는 일인가를 보려면 그저 고대 이스라엘에 나타난 예언자들에서 그 이후까지 추려낸 비판가 명단을 모아보면 된다. [근본적인 초연함이 사회비판의 선결조건이라는 식의] 그런 기술은 부분적으로, 초연함과 주변성을 혼동해서 생긴 고정관념이다. 예언자들은 주변적 인물도 아니었지만 그 계승자들 중 많은 사람은 주변적이었다. 주변성은 종종 비판을 유발시키고, 비판가의 특징적 어조와 외양을 결정짓는 한 조건이 되었다. 하지만 그것은 무사심, 냉정, 열린 사고, 혹은 객관성을 만들어내는 조건은 아니다. 또한 그것은 외부적인 조건도 아니다. 주변적인 사람들은 그들의 사회에 완전히 소속하지 않지만 그 사회 안에 있다는 점에서 조지 짐멜(George Simmel)이 말한 이방인과 같다.[1] 그들이 겪는 어려움은 초연함에서 비롯하는 어려움이 아니라, 애매한 연결에서 오는 어려움이다. 그런 어려움이 없다면, 그들은 아마도 비판적 기획에 참여할 이유가 없을 것이다. 혹은, 비판이 '소외된 지식인들', 신민계급의 일원들, 박해받는 소수자, 심지어 추방자나 부랑자에 의해 주변부에서 이뤄지는 비판과는 매우 다른 모습을 보였을 것이다. 이제 우리가 상상해 볼 것은 주변적 비판가가 아니라 자신의 주변성으로부터 초연한 비판가이다. 그는 남녀 집단들을 주변부로 내몰고 있는 어떤 사회에 대해서도 여전히 비판적일 것이다. (혹은 그가 주변부를 종종 창조적 활동의 위한 배경이라고 본다면, 그렇지 않을 수도 있다.) 하지만 그 자신의 주변성은, 그가 그 생각에 잠겨 있다면, 객관적 판단력을 침해하고 왜곡시키는 요소가 될 뿐이다. 그가 사회 지배층과 연결되어 있는 경우라면, 그가 가진 중심성, 밀착된 관련성도 마찬가지일 것이다. 주변

---

1) *The Sociology of George Simmel*, trans. and ed. Kurt H. Wolff(New York: Free Press, 1950), pp.402-408

부와 중심부에 대해서 초연함은 정확히 똑같은 방식으로 [떨어져] 자리한다. 즉, 양자로부터 느슨해져 있다.

　기존 견해에 따르면, 비판가는 정말로 주변적인 인물이 아니다. 그는 — 스스로를 그렇게 만들었는데 — 아웃사이더이고 구경꾼이고 '전혀 낯선 이'이며, 화성에서 온 사람이다. 그는 그가 설정한 거리로부터 일종의 비판적 권위를 끌어낸다. 우리는 그를 제국에서 멀리 떨어진 식민지에 파견된 제국의 판사에 비유할 수 있을 것이다. 그는 어떤 특권적 위치를 갖고 밖에 서 있다. 거기서 그는 '개선된' 혹은 보편적인 원칙을 다룬다. 그리고 그는 사심이 없는 (지적인) 엄격함으로써 이 원칙들을 적용한다. 그는 정의의 잣대를 들이대는 것 외에 식민지에 대한 다른 이해관심이 없다. 내 생각에, 우리는 그의 자비로움을 인정해야 할 것이다. 그는 토착민들이 잘 되길 바란다. 더 나아가, 유비를 좀 더 엄밀하게 해보자면, 그 자신은 한 명의 토착민이다. 가령 영국령 중국의 한 사람이거나, 서구화된, 앵글로화된 인도인이거나, 파리의 마르크스주의자가 된 알제리인이다. 그는 가령 파리나 옥스퍼드와 같은 제국의 중심부 학교를 가서 자신이 지닌 국지주의와 근본적으로 결별했다. 그는 파리나 옥스퍼드에 머물고 싶어했겠지만 의무감으로 그의 고향에 돌아가서 그 지역의 체제를 비판할 수 있게 된다. 그는 유익한 인물이라고 할 수는 있겠으나 사회비판가의 유일한 혹은 최상의 모델은 아니다.

　나는 다른 모델을 제안하고 싶다. 그렇다고 내가 냉정한 이방인 혹은 멀리 떨어져 나간 토착민을 쫓아내려는 것은 아니다. 그들은 비판의 이야기에 있어 한 자리를 차지한다. 하지만 그들은 그들과는 꽤 다르고 좀 더 친숙한 어떤 이 옆에, 그리고 그의 그

늘 아래에 자리할 뿐이다. 그는 바로, 동료들과 논쟁함으로써 자신의 권위를 얻거나 얻지 못하는 지역 판사, 연결된 비판가이다. 그는 분노에 차 있는 상태로 그리고 끈질기게, 때로는 상당한 개인적 위험을 감수하면서 (그는 영웅이 될 수도 있다) 반대하고 항의하고 충고한다. 아마도 그는 해외로 나가서 유학했겠지만, 그는 지역적인 원칙 혹은 지역화된 원칙에 호소한다. 만약 그가 그의 여행 중에 새로운 사상을 접했다면, 그는 그것을 그 자신이 가진 친숙한 지식 위에 성립시키면서 그 사상을 지역 문화에 연결시키려고 할 것이다. 그는 지적으로 초연해 있지 않다. 그는 감정적으로도 초연해 있지 않다. 그는 토착민들이 잘 되길 바라지 않는다. 다만 그는 토착민들 나름의 공통된 과업이 성공하도록 애쓴다.2) 이것은 19세기 러시아인 중 하나인 알렉산더 헤르젠(Alexander Herzen)이 지닌 스타일이다. (헤르젠이 장기간 러시아로부터 추방되어 있었지만 말이다.) 그리고 동유럽 유대인들 중 하나인 아하드 하암(Ahad Ha-am), 인도의 간디(Gandhi), 영국의 토니(Tawney)와 오웰(Owell)이 지닌 스타일이다. 그들에게 있어 사회비판은 내부적인 주장이다. 아웃사이더는 그가 그 자신을 내부에 위치시키고 지역적 관행과 체제 안에 상상으로나마

---

2) [역주] 이 문장과 바로 앞 문장은 언뜻 보기에 모순인 것 같다. 하지만 의미를 잘 새겨보면, 우리는 이 두 문장을 통해 왈쩌가 생각하는 지역적 비판가의 역할을 알 수 있다. 왈쩌는 앞 문장인 "he does not wish the natives well"을 통해, 그 지역적 비판가는 자신의 동료 토착민들이 객관적으로 좋은 상태에 이르기를 바라는 것이 아니라는 것을 제시한다. 객관적인 선(goodness)의 상태는 초연한 비판가가 원하는 것이다. 연결된 비판가, 지역적 비판가는 보편적이고 객관적인 선의 상태, 플라톤이 추구하는 선의 상태보다는 그 지역의 토착민들이 나름대로 함께 세운 과제를 잘 이룬 상태를 추구한다.

들어가는 경우에만 사회비판가가 될 수 있다. 하지만 이런 비판가들은 이미 내부에 있다. 그들은 근본적 초연함에 어떤 이점이 있다고 보지 않는다. 근본적 초연함이 취지에 맞다면, 그들은 초연한 채로 활동할 수 있고, 낯선 이의 시선으로 자기 사회를 바라볼 수 있다고 주장할 수 있다. 우스벡의 시선으로 자기 사회를 보는 몽테스키외(Montesquieu)처럼 말이다. 하지만 정작 사회비판가 노릇을 한 것은 우스벡이 아니라, 프랑스인과 잘 연결되어 있는 몽테스키외이다. 페르시아적 소박함은 프랑스적 세련을 가리기 위한 가면이다.

[비판가에 대한] 이런 대안적 기술은 사회비판가라고 불릴 법한 대다수의 남녀들에게 들어맞는다. 하지만 이런 기술은 철학적으로 존중될 만하지는 않다. 나는 연결된 비판가를 향한 두 가지 정당한 우려에 대해 대답함으로써 그것이 철학적으로도 존중될 만한 것이라는 점을 옹호하고자 한다. 그 비판가의 연결성은 비판적 거리의 여지를 충분히 남기고 있는가? 그리고 자신이 처한 사회의 관행과 이해방식에 내부적이면서 동시에 적절히 비판적인 기준이 그에게 있는가?

나는 먼저 두 번째 질문부터 다룰 것이다. 사회비판은 더 큰 활동의 좀 더 중요한 부산물 중 하나로 이해되어야 한다. 이 더 큰 활동을 문화의 정교화와 승인이라고 해보자. 이것은 사제와 예언자, 교사와 현인, 이야기 전달자와 시인, 역사가, 작가 일반의 작업이다. 이런 사람들이 존재하는 순간, 비판의 가능성이 존재하게 된다. 그들이 변함없이 전복적인 '신계급'을 형성한다거나, '저항문화'의 전달자라는 것은 아니다. 그들은 공통 문화를 전달한다. 마르크스가 주장했다시피, 그들은 (다른 일들 중에서) 지배계급의 지적 작업을 한다. 하지만 그들이 **지적** 작업을 하는 한, 그들은 사회비판이라는 역공의 여지를 만든다.

마르크스가 『독일 이데올로기』에서 처음 구성했던 논증이 이에 도움이 된다. 마르크스주의적 사회비판은 하나의 거대한 발견에 기초한다. 역사의 종국에 관한 '과학적' 전망이 바로 그것이다. 하지만 이런 전망은 역사의 종국이 가까이 눈앞에 있기 때문에, 그리고 그 원리들이 이미 부르주아 사회 내에 명백하게 나타났기 때문에 가능할 뿐이다. 다른 사회에서의 비판은 다른 전망들, 다른 원리들에 기반해 왔다. 마르크스주의는 그 자신의 것뿐 아니라 다른 모든 비판적 교설들에 관한 일반적 설명을 제공하려 했다. 비판을 영원히 가능하게 만들어주는 것은, 이 설명에 따르면, 모든 지배계급이 자신을 보편적 계급으로 제시할 수밖에 없다는 사실에 있다.3) 단순히 자기 말을 확신한다는 주장에는 정당성이 없다. 지배자들은 계급투쟁을 하느라 여념이 없고, 가능한 일체의 승리를 추구하면서도, 그럼에도 불구하고 자신은 계급투쟁을 떠나 그 위에 서 있고, 공동 이익의 수호자라고 주장하며 자신의 목적은 승리가 아니라 초월이라고 주장한다. 지배자들의 이런 자기표현은 지식인들에 의해 정교화된다. 지식인들의 작업은 변론적이지만 그 변론은 미래의 사회비판가들에게 볼모 잡

---

3) Marx and Engels, *The German Ideology*, ed. R. Pascal(New York: International Publishers, 1947), pp.40-41: "지배계급의 자리를 차지하려는 신계급 모두는 단지, 자신들의 목적을 관철시키려는 생각에, 자신들의 이익을 사회 전 성원들의 공통된 이익인 양 제시하고 이상적 형태로 제시할 수밖에 없다; 이로 인해 그 계급의 사상은 보편성의 형태를 띠게 될 것이다."

히게 되는 그런 종류의 변론이다. 그 변론은 지배자들이 그에 맞춰 살지도 않을 것이며, 살 수도 없을 기준을 세운다. 지배자들이 특수주의적 야심을 갖고 있는 상황이니 말이다. 누군가 이렇게 말할 수도 있을 것이다. 이런 기준들 자체는 지배계급의 이익을 구현하지만 오직 보편주의적인 위장 안에서만 그렇게 할 수 있다. 그래서 그 기준들은 하층계급의 이익도 구현하게 된다. 그렇지 않으면 그 위장은 설득력을 잃게 될 것이기 때문이다. 이데올로기는 자신의 성공을 위한 조건인 보편성을 향해 가려고 애쓴다.

이탈리아의 마르크스주의자 안토니오 그람시(Antonio Gramsci)는 이런 이중적 구현에 대해 유익한 개략적 분석을 한다. 그가 주장하기를, 모든 헤게모니적 문화는 복합적인 정치 구성물이다. 그 문화를 구성하는 지식인들은 칼이 아니라 펜으로 무장한다. 지식인들은 고유의 자기 생각을 갖고 있는 사람들 사이에서 지식인 그들이 옹호하는 생각을 변론해야만 한다. 그람시가 주장하기를, "헤게모니라는 사실은 헤게모니가 행사되어 다스려질 집단의 이익과 경향이 고려되어야 한다는 점을 전제한다. 또한 그것은 어떤 평형을 전제한다. 즉, 그것은 헤게모니를 잡은 집단이 조합주의적 성격을 어느 정도 희생시켜야 할 것이라고 전제한다."4) 이런 희생으로 인해, 지배계급의 사상은 모순을 내면화하고, 그렇게 해서 비판은 언제나 지배적 문화 내부에서 출발하게 된다. 상위계급의 이데올로기는 자신의 내부에 위험한 가능성을

---

4) 다음 문헌에서 인용. Chantal Mouffe, "Hegemony and Ideology in Gramsci", in Mouffe, ed., *Gramsci and Marxist Theory*(London: Routledge and Kegan Paul, 1979), p.181.

담고 있다. 이탈리아 공산당에서 그람시의 동지였던 이그나치오 실로네(Ignazio Silone)는 정확히 이런 견지에서 근본적 비판과 혁명적 정치의 기원을 기술했다. 그가 말했듯이, 우리는 이렇게 시작한다.

> 우리의 교육자와 교사들이 우리에게 가르친 원칙을 중시함으로써. [우리는 시작한다.] 이 원칙들은 오늘날 사회의 토대가 된다고 선전된다. 하지만 우리가 그것들을 중시하여 그것들을 오늘날 … 구성된 모습대로의 사회를 테스트하기 위한 기준으로 사용할 경우, 그 둘 간의 근본적인 모순이 있다는 것은 분명해진다. 우리 사회는 실제로, 그 원칙들 모두를 무시한다. … 하지만 우리에게 있어 그 원칙들은 소중하고 신성한 것 … 우리 내면적 삶의 토대이다. 사회가 인민들을 속이고 우민화하기 위한 가식적 도구로 그것을 사용하면서, [실제로는] 그 원칙을 무참히 짓밟는 그런 행태를 보면서 우리는 분노와 의분으로 가득 차게 된다. 이런 식으로 우리는 혁명가가 된다.[5]

그람시 자신은 좀 더 복잡한 과정을 기술한다. 그 과정은 의분의 동기부여적 힘이 없이 이뤄지는 과정으로 보인다. 하지만 그 과정은 똑같은 지점에서 시작한다. 그가 말하길, 근본적 비판가들은 "낡은 이데올로기의 요소들이 점했던 상대적 비중에 있어서 분화와 변화의 과정을 개시한다. 이전에 이차적이고 종속적이었던 것이 이제는 일차적인 것으로 받아들여지게 되고, 새로운

---

5) Silone, *Bread and Wine*, trans. Gwenda David and Eric Mosbacher (New York: Harper and Brothers, 1937), pp.157-158. 위와 똑같은 방식으로, 한 사람이 혁명당의 신조를 그 실제 행태와 비교하게 됨으로써 혁명가이길 그만두게 되는데, 이를 실로네의 행적이 잘 보여주고 있다.

이데올로기와 이론적 복합체의 핵이 된다."6) 그래서 해석과 수정을 통해 새로운 이데올로기가 낡은 이데올로기로부터 발생한다. 구체적인 예를 보자.

부르주아에게 있어 평등의 위상과 나중에 나온 비판적 사상에 있어 평등의 위상에 대해 생각해 보자. 평등은, 마르크스주의적 견지에서는 승리에 찬 중산계급의 신조로 간주되기 때문에 특징적으로 제한된 의미를 지닌다. 가령, 프랑스 혁명 중에 그것은 법 앞의 평등, 능력에 따른 직책을 지칭했다. 그것은 부와 공직을 위한 경쟁적 질주의 조건들을 기술(그리고 은폐하기도)한다. 근본적 비판가는 그 한계를 '폭로하는 것'에 희열을 느낀다. 그것은 아나톨 프랑스(Anatole France)가 썼듯이, 파리의 다리 아래에서 잠들 동등한 권리에 불과한 것을 모든 이들에게 보장할 뿐이다. 하지만 그 단어는 더 넓은 의미들을 지닌다. ─ 그렇지 않다면 그 단어는 덜 유용했을 것이다. 그 넓은 의미들은 지배적 이데올로기 안에서 부차적인 것으로 무시되고 있지만 결코 제거되지는 않는다. 그람시적 용어를 사용하여 말하자면, 이런 넓은 의미들은 성격상 '포용적(concessionary)'이다. 그 의미들로써, 그

---

6) Gramsci, *Selections from the Prison Notebooks*, ed. and trans. Quinton Hoare and Geoffrey Nowell Smith(New York: International Publishers, 1971), p.195. 이와 똑같은 논증이 부르주아 신조 자체에 대해서도 만들어질 수 있다. 이런 식으로 알렉시스 드 토크빌(Alexis de Tocqueville)은 1789의 급진주의자들에 대해 이렇게 말했다. "비록 그들은 이에 대한 암시를 전혀 갖지 않았지만, 구체제로부터 그 체제의 관습, 규약, 사고방식의 대부분 뿐 아니라 그것을 파괴하도록 자신을 부추기는 사상들까지도 모두 전수받았다." *The Old Regime and the French Revolution*, trans. Struart Gilbert(Garden City, New York: Doubleday Anchor Books, 1955), p. vii.

리고 그 의미들을 통해서, 중산계급은 하위계급의 열망을 겨냥해 몸짓을 보인다. 이렇게 주장하면서 말이다. 우리는 모두 이곳 시민이다. 어떤 누구도 다른 누군가보다 더 훌륭하지 않다. 나는 그 몸짓을 한 사람 중 최소한 몇몇은 지녔을 진실성을 폄하하려는 것이 아니다. 그 몸짓이 진실하지 않았다면, 사회비판은 지금 이뤄지고 있는 모습보다 덜 통렬했을 것이다. 비판가는 평등의 더 넓은 의미들을 이용한다. 그 의미들은 일상적 경험을 거울처럼 반영한다기보다 그 일상적 경험을 조롱한다. 비판가는 본래 자본주의를 옹호해 주었던 주요 개념들 중 하나를 정교화함으로써 자본주의적 관행을 비난한다. 그는 지배자들에게 그들의 화가가 그렸던 이상적인 그림을 보여주고 그 다음엔 현재 영위되고 있는 권력과 억압의 현실을 보여준다. 아니, 더 정확히 말하면, 그는 그림과 현실을 해석한다. 왜냐하면 그림과 현실 모두 직접적으로 드러나는 것이 아니기 때문이다. 평등은 부르주아들의 규합을 위한 구호이다. 재해석된 평등은 (그람시적 이야기에 있어서는) 프롤레타리아들의 규합을 위한 구호이다.

물론 비판가들의 재해석이 받아들여지지 않을 가능성도 충분히 존재한다. 아마도 노동자들 대다수는 자본주의적 사회에서 실현되는 평등이 진정한 행복이고 그것으로 충분하다고 믿을 수도 있다. 마르크스주의자들은 이런 믿음을 '허위의식'이라 한다. 평등이 하나의 유일한 참된 의미를 가졌다는 가정하에 말이다. 우리 모두에게 있어서 혹은, 적어도 노동자들에게 있어서 이 하나의 유일한 참된 의미는 그들의 '객관적인' 이익에 상응되는 의미라 할 수 있다. 이런 견해가 만족스럽게 옹호될 수 있을지 나는 의심스럽다. 물론, 노동자들은 실제의 수입 격차 정도나 실제의 직위 상승 기회와 같은 그들의 상황과 현실에 대해서 잘못 알고 있을 수 있다. 하지만 그들이 어떻게 자신의 삶에 있어서 평등의 가치와 의미에 대해 잘못 알고 있을 수 있을까? 여기서 비판은 세계에 관해 참(혹은 거짓)인 진술들에 의존하기보다 공통된 생각을 불러일으키는(혹은 불러일으키지 않는) 표현들에 의존한다. 그 논증은 의미와 경험을 다룬다. 그 용어는 사회경제학적 배경뿐 아니라 문화적 배경에 의해 설정된다.

하지만 모든 논증들이 이처럼 내부적이지는 않는다. 외국에 온(내가 앞서 말한 제국의 판사의 경우처럼) 마르크스주의 투사나 기독교 설교자와 같은 사회비판가를 상상해 보라. 거기서 그는 토착민들이 세계와 그 세계 안에 있는 자신들의 지위에 대해서, 유입민이 보기에는 근본적으로 잘못된 생각을 갖고 있다는 점을 알게 된다. 그는 이 잘못된 생각에 대해 순전히 외부적인 잣대를 갖고, 말하자면, 그가 짐 속에 싸들고 온 잣대를 갖고 재어본다. 그가 지역적 관행에 도전할 경우, 그는 적어도 처음에는 토착민들에게 이해되지 않을 법한 기준에서 그렇게 한다. 개종을 해야 그 기준은 이해 가능한 것이 되고, 그래서 유입민은 주로 선교사적 사명을 띤다. 즉 새로운 도덕적 혹은 물리적 세계에 대한 설득력 있는 설명을 제시하는 일을 한다. 그는 토착민들에게 동틀 녘의 독수리처럼 보일 것임에 틀림없다. 그 토착민들에게는 자기네 나름의 올빼미가 있다. 토착민 비판가가 (혹은 토착화된 경우라면, 선교사 자신도) 그 새로운 사상을 사용할 수 있게 되는 것은, 기존 문화라는 직조물 안에 짜여 들어간 그들의 새로운 설정 안에 새로운 사상이 토착화된 이후에 가능하다. 개종과 비판은 다른 활동이다. 정복과 혁명이 서로 다르듯이 말이다. 각각의 단어 쌍에서 후자의 것들, 즉 비판과 혁명은 부분적으로 재귀적 성격을 지닌다. 경찰들의 용어로, 그 둘은 '내부자 소행'에 지나지 않는다.

유입민은 내가 최소적 규범이라고 부르는 것에 입각해서 지역 관행들을 비판할 수도 있을 것이다. 그리고 이런 종류의 비판은 설명을 요구할 수도 있지만 아마도 개종을 요구하지는 않을 것이다. 중미의 스페인인들의 예를 생각해 보라. 그들은 때로는 가톨릭을 옹호했고, 때로는 자연법만을 옹호했다. 분명히 그들은 가톨릭적 자연법 사상을 가졌다. 하지만 가령, 인신 제물이 정통 교리에 반한다기보다 '자연에 반한다'는 근거에서 그 관행을 반대했다는 것은 옳았을 수도 있다. 아마도 아즈텍인들은 그 주장을 이해하지 못했을 테지만 그 논증[자연에 반한다는 근거에서 그 관행을 반대하는 그 논증]은 그리스도의 몸과 피, 그리스도의 성찬 등에 관한 논증이 풍겼던 외부적 느낌만큼의 외부성을 갖지 않았다. (그리고 그 논증은 그들이 인신 제물에 대해 갖고 있던 느낌, 확신까지는 아니어도 그런 느낌들과 연결되었을 것이다.)7) 그러나 결과적으로 인신 제물에 대한 스페인 선교사들의

---

7) 참조: Bernice Hamilton, *Political Thought in Sixteenth-Century Spain: A Study of the Political Ideas of Vitoria*, De Soto, Suarez, and Molina(Oxford: Oxford University Press, 1963), pp.125-129. 비토리아는 스페인이 중미에서 자연법을 강요할 권리가 없다고 주장한다. 왜냐하면 인디언들은 그런 법을 '인정'하지 않기 때문이다. 하지만, 스페인은 무고한 이들을 변호할 권리를 자연법을 통해 갖고 있다. "어떤 누구도 자신을 식용으로 혹은 제물용으로 죽일 권리를 타인에게 줄 수 없다. 이 외에도 사람들 — 가령 어린이들 — 이 그들의 의지에 반하여 살해되는 대부분 경우에 있어서 그들을 보호하는 것이 합법적임은 의심할 여지가 없다." 다음에서 인용 *Political Thought*, p.128.

자연주의적 비판은 성격상 거의 이데올로기적인 것이었다고 보인다. 즉 내부적 개혁이나 혁명이 아니라 외부적 정복에 대한 하나의 정당화였던 것으로 보인다. 나는 다음 장에서 최소주의적 비판의 좀 더 순수한 예를 고찰할 것이다.

선교사적 활동과 개종이 도덕적으로 필수적이라면 그리고 마르크스주의 혹은 가톨릭교 혹은 그 밖에 다른 발달된 신념체계가 사회비판의 유일하게 올바른 기준이라면, 올바른 사회비판은 대부분 실제 현존하는 도덕적 세계에 있어 불가능했을 것이다. 하지만 모종의 최소주의적인 종류를 넘어서는 비판에 필수적인 [도덕적] 자원은 언제나 사용 가능하게 있다. 이는 도덕적 세계의 본성 덕분이며, 우리가 도덕적 세계를 지을 때 한 일들 덕분이다. 마르크스주의적 이데올로기 이론은 단지 이런 [도덕적] 구조물의 한 형태에 불과하다. 현대 철학자들에게 좀 더 친숙한 또 다른 형태는 다음과 같을 것이다. 사람들은 도덕적 동기로써, 즉 정당화에 대한 열정으로써 도덕적 세계를 구성하고 그곳에 거주할 마음을 갖게 된다. 때로는 신만이 우리를 정당화할 수 있지만, 그럴 경우 도덕은 신과의 대화, 혹은 신이 합당하게든 아니든 우리 행동에 적용할 기준들에 대한 사변으로 자리 잡기 쉬울 것이다. 어떤 경우든 간에 이것들은 높은 기준일 테고, 따라서 매우 비판적인 기준일 것이다. 죄의식은 부분적으로 우리가 결코 그것에 맞춰 삶을 영위할 수 없을 것이라는 느낌에서 나온다.

세속적 시대에서는 타인이 신을 대신한다. 토머스 스캔론(Thomas Scanlon)이 말하듯이, 이제 우리는 "타인들이 합당하게 거부할 수 없을 근거를 통해 우리 행동을 타인에게 정당화할 수 있으려는 욕구"[8]에 의해 마음먹게 된다. (우리는 동료들이 보이는 부당함을 관용하지 않을 것이다.) 백성들이 보는 앞에서 자신이 정당화되길 바라는 것은 통치자들만이 아니다. 우리들 모두 다른 모든 타인들 앞에서 정당화되길 바란다. 스캔론은 이런 [정당화되고 싶은] 욕구는 우리가 이미 갖고 있는 도덕적 믿음에 의해 촉발된다고 말한다. 맞는 말이다. 하지만 [거꾸로] 이런 욕구 자체가 도덕적 믿음을 촉발하기도 하다. 그리고 도덕적 논증과 창조성을 촉발하기도 한다. 우리는 우리 자신을 정당화하려고 하지만 우리 스스로가 자신을 정당화할 수는 없다. 그래서 도덕은 특정한 타인, 친지, 친구, 이웃과의 대화 형태로 자리 잡는다. 혹은 도덕은 과연 어떤 논증을 통해 우리의 옳음을 그들에게 설득시킬 수 있는지, 혹은 설득시켜야 하는지에 대한 사변으로 자리 잡는다. 우리는 그 사람들을 알고 있기 때문에 어느 정도 구체적으로 이 주장들을 제시할 수 있고, 제시해야 한다. 이 주장들은 "타인의 고통에 무관심하지 말라"기보다는 (이 문장에 대해 적절한 주석이 같이 실려 있는) "네 이웃을 사랑하라"에 가깝다. 이 주장들은 단지 사변적인 도덕적 담론이 아니라 실제적인 것에 대한 참조와 함께 이뤄진다. 이것들은 한 사람의 말이 아니라 여러 사람들 사이의 대화이다.

우리는 도덕을 외부적 기준으로 경험하는데 왜냐하면 도덕은 언제나, 반드시 신이라는 기준 혹은 타인이라는 기준이기 때문이다. 그런 이유로 도덕은 비판적 기준이 된다. 발견되고 창안된 도덕이 '애초부터' 비판적인 것처럼, — 그렇지 않다면, 발견 혹

---

8) Scanlon, "Contractualism and Utilitarianism", in Amartya Sen and Bernard Williams, ed., *Utilitarianism and Beyond*(Cambridge: Cambridge University Press, 1982), p.116.

은 창안에는 어떤 특별한 장점도 없을 것이다— 우리의 일상적 도덕도 또한 애초부터 비판적이다. 그것은 신이나 타인들이 정의로운 것으로 인정할 수 있는 것을 정당화할 뿐이다. 우리는 그 인정을 원한다. 우리가 때때로 정당화될 수 없다고 생각되는 것들을 하고 싶어할지라도 말이다. 도덕은, 이런 다른 바람들에 들어맞도록 해석하는 것이 늘 가능하지만, 들어맞지 않는다. 우리는 그런 해석을 개인적 형태의 이데올로기라고 생각할 수도 있다. 하지만 우리는 우리의 이데올로기를 불편하게 여기며 산다. 사람들은 이데올로기에 대해 긴장하며 거북해 한다. 이데올로기는 사람들에게 잘 와 닿지 않는다. [그보다] 우리는 분노 혹은 분개한 어떤 이웃이나 친구나 옛 친구, 즉 사적 형태의 사회비판가들이 우리에게 말하길 기다린다.

사적 도덕에 대한 이런 설명은 집단생활의 차원에서 재진술될 수 있다. 모든 인간 사회는 그 구성원들에게— 그 구성원들은 정당화라는 매개를 통해 스스로에게— 유덕한 성품, 값진 성취, 정의로운 사회 체제의 기준들을 제공한다. 그 기준들은 사회적 인위물이다. 그것들은 다른 많은 형태 즉, 법 문헌, 종교 문헌, 도덕 관련 이야기, 서사시, 행동 규범, 예식적 관행의 형태로 구현된다. 그런 모든 형태로 그 기준들은 해석에 노출되어 있는데, 변론적으로도 해석되고 비판적으로도 해석된다. 그렇다고 해서 변론적 해석들이 '자연적' 해석이고, 어떤 기능주의적 유토피아에서처럼 도덕적 기준들이 사회 관행들에 즉시 잘 맞아서 순탄하고 편안하게 된다는 것은 아니다. 이 기준들은 [현재 잘 맞는다기보다] 잘 맞도록 해석되어야만 한다. 지속되는 변론적 해석은 또다시 이데올로기가 된다. 개인적 행동방식과 마찬가지로, 사회적 관행은 도덕을 잘 지키지 않기 때문에 이데올로기는 늘 문젯 거리를 안고 있다. 우리는 우리를 정당화해 줄 그 기준대로 살지 않는다는 것을 안다. 그리고 우리가 그 사실을 잊는 경우 사회비 판가가 우리를 환기시키기 위해 등장한다. 그의 비판적 해석은, 도덕의 본성이 존재하는 상태라면, '자연적'인 것이다. 쇼(Shaw) 가 말하는 영국인처럼 사회비판가는 "모든 것을 원칙에 근거하 여 행한다." 하지만 그는 진지한 인물이지 우스꽝스러운 인물이 아니다. 왜냐하면 그의 원칙은 우리가 공유하고 있는 것이기 때 문이다. 그 원칙은 단지 겉보기에만 외부적으로 보이는 것이다. 진정, 그것은 비판되어야 한다고 인식된 공동생활과 동일한 바로 그 측면들이다. 나쁜 행동을 하는 그 사람들이 바로, (적어도 때 로는) 자신의 행동을 나쁘다고 인식하게 해주는 그 기준들을 창 조하고 유지하는 사람들이다.

하지만 우리는 도덕적 기준에 대한 더 좋은 해석과 더 나쁜 해 석을 어떻게 인식할 수 있단 말인가? 물론 비판가가 일을 그르칠 수도 있다. 훌륭한 사회비판은 훌륭한 시나 훌륭한 철학만큼이나 드물다. 비판가는 종종 열정적이고, 강박적이고, 독선적이다. 동 료들의 위선에 대한 그의 증오는 그 위선이 받아야 할 증오의 정 도를 능가한다 — "이는 오직 신 이외에는 남모르게 걸어 다니는 유일한 악이다."9) 어떻게 우리는 적절한 정도를 판단할 수 있을 까? 아니, 다시 말해 보겠다. 현존 도덕에 대한 어떤 비판적 해석

---

9) John Milton, *Paradise Lost*, lines 683-684.
　　[역주] 이 부분은 밀턴이 사탄의 위선에 대해 읊은 내용이다. 번역은 유 영 교수 번역을 따랐다. 『실낙원 · 복낙원』(혜원출판사, 1993), p.147.

은 카토(Cato)가 했던 작업처럼 뒤를 돌아본다. 어떤 것은 마르크스가 했던 것처럼 앞을 바라본다. 전자의 방식이 후자의 방식보다 나을까? 나는 이미 그런 문제에 대한 내 나름의 해답을 제시했거나 아무 해답도 제시하지 않았다. 그 문제들은 도덕적 논증의 견지에서 진행되며, 그런 논증은 끝이 없다. 그런 논증에 있는 정지 지점과 판단의 순간은 일시적일 뿐이다. 수동적이고 쇠퇴하는 사회에서는 뒤를 돌아보는 방식이 가장 좋은 방식일 것이다. 능동적이고 진보적인 사회에서는 앞을 내다보는 방식이 가장 좋은 방식일 것이다. 하지만 그렇게 되면 우리는 쇠퇴와 진보의 의미에 대해 논의하게 될 것이다. 비판가는 그런 끝없는 주장들로부터 한 발짝 뒤로 물러날 수 없을까? 비판가는 강박과 독선으로 나아가게 하는 여건들로부터 초연할 수 없을까? 비판가는 도덕적 경험들을 객관적으로 읽어내는 어떤 방식을 제시할 수 없을까? 만약 비판가가 이런 일들을 할 수 없다면, 우리는 그가 비판할 자격을 가졌다고 인정하기보다는, — 왜냐하면 이것은 명예로운 자격이기 때문이다 — 그가 화나 있거나 분개하고 있는 거라고 말하는 것이 낫지 않을까?

비판에는 비판적 거리가 필요하다. 하지만 그것은 무엇을 의미하는가? 기존 견해에 따르면 비판적 거리는 자아를 나눈다. (정신적으로) 뒤로 물러나 있을 때, 우리는 두 자아를 만들어낸다. 자아 1은 여전히 상황에 연루되어 있고 헌신하여 있고 국지적이며 분노를 느낀다. 자아 2는 초연해 있고 냉정하고 비편파적이며 자아 1을 조용히 관망한다. 기존 견해에 따르면, 자아 2는 자아 1보다 우월하다. 적어도 자아 2의 비판은 비판가와 나머지 우리 모두가 사는 세계에 관한 도덕적 진리를 우리에게 더 믿을 만하게 객관적으로 잘 말해 줄 것이기 때문이다. 자아 3이 있다면, 그것이 더 나은 존재일 것이다. 이런 견해는 적어도 자아 2에게 그럴 듯하다. 왜냐하면 우리는 우리가 나쁜 행실을 했던 때를 기억하면서 당혹감과 민망함에 사로잡혀 후회하기 때문이다. 우리는 어떤 자아상을 (일정한 거리를 두어서) 형성하게 되는데, 그 자아상은 고통스럽다. 하지만 이것은 대부분 우리가 보이는 모습대로 제시된 상이거나, 우리가 높이 평가하는 식견을 지닌 사람들이 우리를 보는 방식이라고 생각되는 그 모습대로 제시된 상이다. 우리는 우리 자신을 무특정 관점에서 바라보는 것이 아니라, 특정한 타인들의 시선을 통해 본다. — 그 특정한 타인들이란 인식론적으로 특권적인 위치의 사람이 아니라 도덕적으로 특권적인 위치의 사람을 말한다.

우리는 우리가 타인과 공유한 기준들을 우리 자신에게 적용한다. 사회비판은 다른 방식으로 작동한다. 우리는 우리가 타인과 공유한 기준들을 타인들에게, 즉, 우리 동료 시민들, 친구와 적들에게 적용한다. 우리는 당혹감을 갖고 기억하지 않는다. 우리는 분노를 갖고 둘러본다. 어떤 지배계급 출신의 비판가는 피억압자들의 시선을 통해 사회 보기를 익히지만, 그 자신의 눈을 통해 사회를 보는 피억압자 집단의 일원도 그에 못지않은 사회비판가이다. 그는 물론 그가 보았다고 주장하는 것 그리고 그가 보기에 기준이 되는 것에 관한 논증들에 있어 자유롭지 못한 자신을 발견한다. 하지만 그는 뒤로 물러섬으로써 이런 논증들을 획득할 수는 없다. 그는 단지 좀 더 충분하게, 좀 더 분명하게 반복해서 말할 수 있을 뿐이다.

기존 견해에 암암리에 깃들어 있는 희망은 그 논증이 단번에

획득될 수 있다는 것이다. 그래서 영웅적 인물, 완전히 무사심한 관망자는 일종의 전목적적, 일반적 기여를 하는 사회비판가로 상상된다. 하지만 우리는 그런 사람이 왜 그리스 신들처럼 극단적인 회의주의자나 단순한 방관자나 짓궂은 개입자가 아니라 비판가일 수 있는지 물을 수 있을 것이다. 아마도 자아 1과 자아 2는 도덕적 권위의 다른 정도를 나타내는 것이 아니라 단지 세계에 대한 다른 정향을 나타내는 것 같다. 아르투르 쾨슬러(Arthur Koestler)는 다음과 같이 말하며 이런 주장을 한다. "우리 마음속에, 분리된 채 유지되어야 하는 두 평행면이 있다. 하나는 무한성의 징표 안에 있는 초연한 사변이라는 면이고, 다른 하나는 어떤 윤리적 명령의 이름하에 있는 행위라는 면이다." 쾨슬러는 이 두 면이 모순 속에 공존한다고 믿는다. 가령, 그는 유럽 문명의 운명은 어둡다고 과감히 천명한다. "이것은 말하자면 나의 사변적 진리이다. 초연한 자세로 세계를 바라보고 있는 동안에 … 나는 세계가 내 마음을 동요시키지도 않는다는 것을 알게 된다. 하지만 나는 또한 악과 싸우라는 윤리적 명령이 옳다고 믿게 된다."[10] 사회비판, 즉 윤리적 명령의 문제는 분명히 '행위의 면'에 속한다. 이상하게도 사변의 면은 훨씬 더 감상적인 드라마와 같다. 쾨슬러의 독해에 따르면 사변적인 사람들은 비판가가 아니다.

초연함을 옹호하면서 네이글은, 초연한 관찰자, 자아 2가 문명의 어두운 운명 혹은 현실 세계에서 일어나는 그 밖의 다른 것들에 의해 흔들림 없이 있을 필요는 없다고 주장한다. 왜냐하면 그

---

10) Koestler, *Arrow in the Blue*(New York: Stein and Day, 1984), p.133.

는 자아 1이 지닌 도덕적 신조와 동기들을 포기할 필요가 없기 때문이다. 하지만 나는 일단 그가 도덕적 신조와 동기들이 직접적으로 존재하는 도덕적 세계를 무효화하고, 그 도덕적 신조와 동기들을 현실적인 것이라고 느끼는 사람들로부터 자신을 떨어뜨려 놓는다면, 어떻게 해서 그가 그런 신조와 동기들을 그들과 똑같은 식으로 경험할 수 있는지 잘 모르겠다. 이런 회의주의를 인정이나 하듯이, 네이글이 말하기를, "우리가 객관적 관점을 취한다면, 문제는 가치들이 사라지는 것처럼 보인다는 것이 아니라 가치들이 너무 많다는 것이다. 그 많은 가치들은 일상생활로부터 나오며, 우리 자신으로부터 발생하는 가치들을 압도한다."[11] 나는 이것이 흔한 형태는 아니지만 여전히 가치의 경험이라는 점을 인정한다. 그리고 나는 자아 2가 상충하는 가치들의 홍수 속에서 지금 그에게 최상으로 여겨지는 것(자아 1의 가치일 수도 있고 아닐 수도 있는 것)을 어떤 식으로든 선택하도록 동기부여 되어 있다는 점도 인정한다. 하지만 그는 과연 특정한 시공간의 가치들을 옹호할 매우 열정적인 헌신적 입장을 가질까? 분명히 스스로 초연하려는 표준적 동기 중 하나는 (쾨슬러가 논한 대로, 무한성의 징표 속에 이뤄지는 사변을 위하여) 열정적인 투신을 피하는 것인데 말이다. 그렇다면, 사회를 바라보는 비판가는 사회를 바라보는 자신을 들여다보는 비판가보다 더 비판적임에 틀림없다.[12]

---

11) "The Limits of Objectivity", p.115.
12) 이 주장에 따르면, 자아 2는 비판의 역사나 비판의 사회학, 더 나아가 비판의 철학(내 자신의 자아 2는 이런 말들을 쓰고 있다)의 작자로서 선호될 것이다. 하지만 자아 1은 비판가로서 선호된다.

하지만 대안은 가능하다. 만약 초연함의 효과가 말 그대로 비판가가 처한 시공간에서 그의 삶으로부터 나온 가치들을 '압도한다'면, 그 방식은 내가 기술해 왔던 사회비판보다 훨씬 더 급진적인 과업에 대해 적절할 수도 있다. 그 과업은 개종과 정복에 좀 더 가깝다. 즉, 그 과업은 비판가가 거리를 두려고 하는 사회를 어떤 (상상의 것이든, 실제의 것이든) 다른 것으로 대체하는 작업이다. 대체는 분명히 대체되는 것에 대한 비판에 달려 있다. 나는 비판을 정의할 때 이런 경우를 배제하지 않겠다. 위의 과업도 사회비판이다. 하지만 이것은 대부분 도덕적으로 매력적이지 않은 형태의 사회비판이며 우리가 감탄해 마지않는 '객관성'을 지닌 것도 아니다.

짧게나마 이 지점에서 어떤 역사적 사례를 고찰해 보는 것이 좋겠다. 나는 존 로크(John Locke)와 그가 쓴 유명하고도 존경받을 만한 『관용론』으로 논의를 시작하려고 마음먹었다. 비록 이 책이 입증하려고 했던 원칙을 표명한 종교관용 법령이 선포된 1689년에 그 책이 출간되었지만 이 책은 명백히 비판적인 문헌이다. 『관용론』이 집필된 시기는 이보다 몇 년 전, 즉 로크가 네덜란드에 망명가서 살고 있었던 시기였고 그것은 영국의 정치 지도자들이 여전히 지니고 있었던 전통적 견해를 겨냥해 집필되었다. 더 나아가 그것은 혁명적 사상을 옹호한다. 그것은 의미 깊은 전환점을 남기게 되는데, 긴 세기 동안의 종교박해 이후의 유럽은 이전의 유럽과는 다른 상황이었기 때문이다. 이 같은 순간에 비판은 어떻게 작동하는 걸까?

로크의 망명은 영국 정치로부터, 적어도 기존의 전통적인 정치로부터 떨어져 나가는 일종의 초연함으로 간주될 수도 있을 것이다. 망명은 비판적 거리두기를 말 그대로 시행하는 것이라 할수 있겠다. 하지만 네덜란드가 객관적 영역이라고 하기 힘들며 거기에 로크가 있었다는 것은 철학적인 '물러서기'와 같은 것을 나타내지 않았다. 네덜란드는 로크에게 있어 (약간) 더 진보된 영국, 즉 확실히 프로테스탄트적이면서도 관용을 받아들이는 나라로 보였을 것임에 틀림없다. 정치적 난민은 무특정한 곳으로 달아나지 않는다. 가능한 한 그들은 그들이 이미 알고 있는 기준을 적용하여, 친구와 동지를 찾아 자신의 피난처를 선택한다. 그래서 로크의 망명은 그를 스튜어트 가의 '독재'에 대항하는 정치 세력과 과거 그 어느 때보다도 더욱 밀접하게 연결되도록 하였다. 그로 인해 그는 하나의 명분에 몸담게 된다. 그리고 그가 종교관용을 옹호했을 때, 그는 그의 정치적 연합 집단들에게 친숙한 용어를 써서 옹호했다. 『관용론』은 당파적 책자이다. 즉 휘그당의 선언문인 것이다.

하지만 거기서 그치지 않는다. 로크의 논증은 그 이후 세기, 혹은 더 지나서까지 정치담론의 어법을 마련하지만 『관용론』의 중요 지점에서 로크는 단호하게 뒤를 돌아보며 휘그당 정강이나 계몽철학에 많이 드러나지 않은 사상, 즉 개인적 구원의 사상을 끌어들인다. 로크는 프로테스탄트적 사상과 관행 속에 있는 구원의 의미에 호소한다. 그가 말하기를, "타인의 신앙고백을 비신자가 밖으로 꺼내 입증해 보려는 것은 헛된 일이다. 오로지 신앙과 내면적 신실함만이 신의 영접을 가능케 하는 것이다." 『관용론』은 루터주의, 칼뱅주의 신학에 대한 특정 독해를 제시하지만, 이상하거나 유별난 독해를 제시하지는 않는다. 어떤 의미로든 그것은 그 신학 혹은 영국 프로테스탄트의 도덕적 세계를 대체해야 한다고 요구하지 않는다. 로크는 강력한 결론(이것은 루소가 따라 하고자 했으나 곡해했던 것으로 보이는 내용이다)을 도출하게 된다. "인간은 그들이 바라든 아니든 간에 구원되도록 강요될 수 없다. ··· 그들은 그들 자신의 양심에 맡겨져야 한다."13) 로크는 여기서 자연권이라는 새로운 어법으로 말하지 않는다. 이것은 오히려 '신앙을 통해서만 이르게 되는 구원'이라는 예전의 어법이다. 하지만 그의 문장들을 보면 우리가 어떻게 예전 것으로부터 새로운 것으로 이동하게 되는지를 알 수 있다. 이 이동은 권리를 발견함으로써가 이뤄지는 것이 아니라 신앙을 '내적인 신실함'과 양심으로 해석함으로써 이뤄진다. (그리고 로크가 권리의 어법을 사용한 것은 그의 동시대인들에게 놀라운 일이 아니었다.) 그가 말하길, 구원의 본성을 고려해 봤을 때, 아니, 더 엄밀히 말해서 우리가 구원을 통해 의미하는 바를 고려해 봤을 때, (여기서 그 대명사['우리']는 로크의 동료 망명인들만 지칭하는 것이 아니다.) 박해는 그런 신앙의 옹호자들이 주장하는 목적에 기여할 수 없다. 박해는 도덕적 자아뿐 아니라, 신체적 자아에 대한 상해일 뿐, 그 이상의 어떤 것도 아니다.

관용 옹호론을 펼친다는 것은 오늘날 우리에게 냉철한 과업의 전형으로 보이기 쉽다. 우리가 믿기에, 종교적 신념은 열정, 광신으로 나아가고 결국 박해로 나아간다. 즉, 우리는 관용이 회의주의와 무사심의 산물이라고 생각한다. 현실에 있어, 관용은 대부분 기진맥진하여 힘을 소진했기 때문에 나온 결과이다. 모든 열

---

13) Locke, *A Letter Concerning Toleration*, intro. by Patrick Romanell (Indianapolis: Bobbs-Merrill, 1950), pp.34, 35.

정이 소모되었고, 남아 있는 것이라고는 공존하는 길밖에 없다. 하지만 누군가는 얼른 종교전쟁의 어리석음에 대한 초연한 관찰에서 출발하여, 철학적 옹호를 상상해 낼 수 있다. 박해에 대한 신학적 열정은 일단 우리가 모든 각각의 인간생활의 가치에 대해 거리를 두고 인식하게 되면, 어떤 식으로든 사그라지는 것으로 보인다. 하지만 17세기의 많은 영국인들과, 아마도 그 중 하나인 로크에게 있어, 모든 각각의 인간생활의 가치는 우리 각자 안에 있는 양심과 신적 영감이라는 생각에 긴밀히 연결되어 있다. 관용은 그 자체로 신학적인 문제였다. 즉 그것은 지속되는 전쟁들 속에서 어떤 다른 편만큼이나 정열적으로 옹호되었던 하나의 입장이었다. 초연함은 그 입장을 지지하는 (초연한) 이유를 제공할 수도 있을 것이다. [하지만] 그것은 그 입장을 선택하게 된 이유, 혹은 어쨌든 로크가 생각한 이유를 제공하지는 않는다. 더 나아가, 비판적 거리에 대한 강조로 인해 우리가 로크 논증의 실질적 성격을 놓치거나 그 지적 위치를 무시한다면, 그런 강조는 여기서 잘못일 수도 있다. 로크 논증의 지적 위치는 신학적 담론의 전통 안에 있는 것이지 밖에 있는 것이 아니다. 그리고 정치 논쟁 안에 있는 것이지 위에 있는 것이 아니다.

사회비판의 형태를 결정짓는 것은 초연함이라기보다 대립이다. 비판가는 실제적 혹은 잠재적 충돌 속에서 편을 갖는다. 그는 지배적인 정치 세력에 맞서는 위치에 선다. 결과적으로 그는 종종 외국으로 망명하도록 내몰리거나 우리가 '소외'라 부르는 내적인 유배 상태로 내몰린다. 내가 보기에 로크를 소외된 지식인으로 떠올리는 것은 쉽지 않다. 그는 우리 고유의 정치 전통에 있어 매우 중심적이다. 그는 정치와 종교에 대해 익명으로 글을 쓰고 그렇게 그 나름의 급진주의를 제시하기 위해 고군분투했지만, 그럼에도 불구하고 그는 중심성을 길렀다. 그는 가령 『정부론』에서 '사리분별력 있는' 보수주의자, 리처드 후커(Richard Hooker)의 논의에 기대면서, 늘 독자들로 하여금 후커의 분별력에 감탄하게 만들었다. 이것은 분명히 사려(prudence), 절제(temperament), 운의 문제였다. 로크의 정치적 동료들은 세력 있는 사람들이었고 로크는 자신의 망명기간이 짧을 것이라고 감지했을 수 있었으며, 실제로 짧았다. 사리분별력을 택한 것은 현명한 선택이었다. 그의 『정부론』이 출간되었을 때, 그의 친구들은 집권을 하고 있었다. 그래서 우리는 대립의 기간이 좀 더 길고 고되었던 비교적 불운한 비판가들을 살펴볼 필요가 있다. 그렇다고 해서 그런 사람들이 초연한 상태를 유지했다는 것은 아니다. 오히려 공통 가치와 담론 전통에 연결된 그들의 입장은 로크가 그랬던 것보다 훨씬 더 문제적이다. 그들은 물러서기 방식을 따르는 철학적 사상이 제시하는 것과는 매우 다른, 로크적 망명과도 다른 종류의 작별 방식을 택하고 싶어한다. 그들은 전쟁 상태를 선포하고 싶어하고 그러고 나서 다른 한 쪽에 가담하고 싶어한다.

　가장 손쉬운 예는 전쟁의 역사 자체에서 찾아볼 수 있다. 특히 간섭주의적, 식민지 관련 전쟁에서 찾아볼 수 있다. 하지만 우선 나는 이데올로기와 계급투쟁에 대한 마르크스주의적 설명으로 잠시 되돌아가 살펴보고 싶다. 마르크스 자신이나 그의 주요한 지적 추종자들 중 어느 누구도 사회주의의 도덕 이론, 정치 이론을 만들어내지 못한 것은 마르크스주의의 주된 실패들 중 하나이다. 그들의 논변은 사회주의적 미래 — 억압이나 착취가 없는 세상 — 를 전제하였지만 그 미래의 자세한 모습은 거의 논의되지 않았다. 마르크스주의자들이 (자본주의의 발달 법칙에 대한 학구적 분석이라기보다) 사회비판의 글을 썼을 때, 이 전제는 사회주의적 미래에 대해 다시 한번 확신할 수 있게 해주는 배경이 되었다. 하지만 정작 그들의 비판의 힘은 부르주아의 위선을 폭로하는 데에서 나온다. 일주일 내내 12시간씩 노동하는 것을 옹호하는 자들에게 "안식일을 중시하는 나라에서 이런 일이!"14)라는 신랄한 논평을 마르크스가 했듯이 말이다. 마르크스주의자들은 그람시의 "새로운 이데올로기와 이론적 복합체"를 만들어낼 수 있을 만한, 일종의 부르주의 사상의 재해석을 수행한 적이 없다. 이렇게 하지 못한 이유는 그들의 계급투쟁관 때문이다. 그들은 계급투쟁을 실제상의 전쟁이라고 보았는데, 그들은 그 전쟁 속에서 지식인이 단지 노동자들을 지원하는 업무를 지녔을 뿐이라고 여겼다. 암묵적으로, 때로는 명시적으로, 그들은 사회비판을 공동생활에 대한 공동체적 반성이라고 보는 생각을 거부했다. 왜냐하면 그들은 공동생활이 존재한다는 것과 공통 가치와 공유 전통이 존재한다는 것을 부정했기 때문이다. 안식일 휴일 개념에 대해 마르크스가 잠시나마 호소했던 것만 보더라도, 이런 [공통 가치와 공유 전통에 대한] 부정이 어리석다는 것을 잘 알 수 있지만, 그럼에도 불구하고 그런 식의 부정은 마르크스주의 내에서 주된 힘이다. 그것은 마르크스주의적 비판이 본질적으로 지닌 논쟁적이고 선동적인 성격을 설명해 주며, '중무장의 비판(criticism of arms)'을 하기 위해서 늘 기꺼이 '비판의 무기(the arm of

---

14) Marx, *Capital*, ed. F. Engels, trans. Samuel Moore and Edward Aveling(New York: International Publishers, 1967), I, 264.

criticism)'를 포기하는 면모를 설명해 준다.

어떤 의미로 보면, 마르크스주의자들은 부르주아 사회에 대한 비판가로 불리기에 적절치 않다. 왜냐하면 그들의 정치의 핵심은 부르주아 사회를 비판하는 것이 아니라 전복하는 것이기 때문이다. 그들은 대신, 노동자들이 이데올로기 안에 갇혀 있고 그래서 전복의 주체로서 역사적 역할을 수행하지 못하게 되는 한에서 노동자들에 대한 비판가이다. 마르크스주의자들은 허위의식 이론을 끌어다가 그 실패를 설명한다. 우리는 그 허위의식을 공통가치를 향한 그들의 제스처라고 생각할 수도 있다. 그 이론은 공통성을 인정하지만 그것을 일종의 집단적 착각으로 다룬다. 그렇게 해서 사회적으로 타당하고 포괄적인 어법으로 사회주의를 기술할 중대한 기회를 놓친다. 유일한 대안은 그것을 전혀 기술하지 않는 것밖에 없다. 사회주의적 가치의 체계를 발견하거나 창안하는 것이 실천적으로 가능했던 것 같지는 않다. 왜 노동자들이 자기 삶을 그것에 걸어야 한단 말인가? 마르크스는 낡은 것의 태중에서 자라나는 신세계에 대한 그 자신의 은유적 설명에 집중했더라면 더 좋았을 것이다.

하지만 적어도 마르크스주의자들은 노동계급의 이데올로기 및 노동계급 운동의 조직과 전략에 대해 꾸준히 비판하였다. 비판을 완전히 포기하는 다른 한 쪽으로 넘어가는 또 다른 방식이 있다. 장 폴 사르트르(Jean-Paul Sartre)와 알제리 전쟁의 경우를 생각해 보자. 사르트르는 지식인이 영원한 비판가라고 믿었다고 술회했다. 보편성에 대한 추구를 통해서 그 자신의 계급으로부터 떨어져 나와 그는 피억압자들의 운동에 가담한다. 하지만 여기서조차 그는 융화되지 못한다. 즉, "만일 지식인이 그 운동이 추구하는 목표의 근본적 의미를 유지할 생각이라면, 그는 결코 자신의 비판력을 버릴 수 없다." 그는 "근본적 목표에 대한 수호자"이다. 즉 보편적 가치의 수호자이다. 지식인은 사르트르 식의 '물러서기'를 통해, 즉 "끊임없이 비판하고 (스스로를) 근본화함으로써" 수호자의 자세를 취한다. 하지만 보편성으로 가는 이런 길은 위험한 길이다. 지식인들은 사르트르가 말하는 "소부르주아적 조건화"를 '거부'해 왔기 때문에, 그들은 어떤 구체적인 실질적인 가치들도 갖지 않기 마련이다. 보편성은 탈조건화된 사람들을 위한 공허한 범주로 드러나고 그래서 피억압자 운동에 대한 그들의 헌신은 (어떤 곳에서 사르트르가 그래야 한다고 말했듯이) "무조건적이다." [하지만] 일단 헌신하였으면, 그들은 긴장과 모순을 재발견할 것이다. 그들의 헌신은 "결코 치료될 수 없는 갈라진 의식이다."15) 하지만 실제상으로, 무조건적 헌신은 치료인양 보일 수 있다. 적어도, 그것은 전체성이 갖는 징후를 만들어낼 수 있다. 우리는 이것을 사르트르 자신의 삶에서 분명히 볼 수 있다. 왜냐하면 그가 알제리 민족주의자들에게 가담하고 나서, 그는 그들의 원칙이나 정책에 대해 비판적인 말을 할 수 없는 것으로 보였기 때문이다. 그 이후 그는 좀 더 확신에 찬 군인이 오직 한 방향으로만 총을 겨누듯이 그의 사상을 오직 한 방향으로만 겨누었다.

물론, 사르트르는 프랑스 사회에 대한, 즉 알제리 전쟁과 그 전쟁 행위에 대한 일관되고 용감한 비판가였다. 그는 알제리 전

---

15) Sartre, *Between Existentialism and Marxism*, trans. John Mathews(New York: Pantheon, 1983), p.261.

쟁(과 그 행위)을 프랑스 식민지주의의 필연적 귀결로 보았다. 하지만 그는 마치 그 특유의 거만함을 갖고 우익적 원수들의 공격을 받아들이듯이 그 스스로를 적, 그리고 심지어 '배반자'로도 기술했기 때문에 그는 그 자신의 과업이 놓인 토대 자체를 부정했다.16) 적은 사회비판가로 인정될 수 없다. 왜냐하면 그가 설 자리가 없기 때문이다. 우리는 적들로부터 비판을 예상하는 동시에 그 가치를 깎아내린다. 그리고 그 비판이 '보편주의적' 원칙이라는 미명하에 우리에게만 적용되어 가해질 때 특히 우리는 더 쉽게 그 가치를 깎아내린다. 하지만 아마도 우리는 사르트르의 자기기술(self-description)을, 그리고 지식인들의 '역할'에 관한 그의 정교한 설명을 일종의 이론적 연막으로 생각해야 할 것이다. 그 연막 뒤에서 이뤄지고 있는 것은, 우리에게 친숙한 정치 즉, 그와 그의 동료들 간에 있었던 내부적인 대립이다. 분명히 그가 적용한 원칙들은 프랑스인들이 잘 알고 있는 것들이었

---

16) 참조: 남아프리카 태생의 백인(Afrikaner) 작가인 앙드레 브링크(André Brink)가 자기 사회를 향해 쏟아내었던 훨씬 더 강력한 비판은 이렇다: "오늘날 국교회(Establishment)가 남아프리카 태생의 백인 반체제 인사에 대해 나쁘게 반응한다면, 그 이유는 국교회가 그 반체제 인사를 남아프리카 태생의 백인 세력(Afrikanerdom)이 대표하는 모든 것에 대한 배반자로 여긴다는 데에 있다. (왜냐하면 아파르트헤이트 정책은 남아프리카 태생의 백인 세력이 대표하는 모든 것에 대해 자기 마음대로 정의 내렸기 때문이다.) 하지만 사실상 그 반체제 인사는 그가 받은 유산의 가장 긍정적이고 창조적인 면들을 주장하기 위해서 투쟁하고 있는 것이다." *Writing in a State of Siege: Essays on Politics and Literature* (New York: Summit Books, 1983), p.19. 브링크는 연결된 비판가이지만, 그렇다고 해서 그가 용감하게 '그러나(whereas)'란 말을 하지 않고서 어느 날 물리적 망명 혹은 일종의 도덕적 망명을 할 수도 있다는 것을 부정하는 것은 아니다.

다. 그 원칙들은 알제리 민족주의자의 지도자들이 그 원칙들을 배워 가던 곳, 프랑스에서 잘 알려진 것들이다. 프랑스 지식인들은 가령, 자기결정권이란 생각을 발견하기 위해 한 걸음 물러서거나 스스로 자기비판을 할 필요가 거의 없었다. 그들은 이미 그 생각을 가지고 있었다. 그들이 할 일은 단지 그것을 적용하는 것뿐이다. 즉 그것을 확장하여 알제리에 적용해야 할 뿐이다. 사르트르가 자신의 [비판] 활동에 대한 이런 시각을 채택하지 못한 것은, 비판은 전쟁이라는 그의 생각 때문이었다. 그 전쟁[알제리 전쟁]은 너무나 현실적이었지만 그 전쟁에 대한 비판은 이와는 뚜렷이 구분된 별개의 일이었다. 양자[현실의 전쟁과 비판]를 합치면, 사르트르의 경우에서처럼 비판은 타락한다.

이제 두 가지 극단이 존재한다. (그것에 대한 기술은 부정확하지만 편리하다.) 철학적 초연함과 '배반적' 가담, 물러서기와 넘어가기. 첫 번째 항들은 두 번째 항들의 선결조건이다. 자기가 속한 사회에 몸담지 않음은, 어떤 이론적, 실천적 타자들에게 넘어가서 그들의 편에 몸담게 되는 상태로 나아가거나 나아갈 수 있다. 사회비판의 적절한 근거는 초연한 철학자, 그리고 사르트르적 '배반자' 모두 똑같이 포기했던 근거이다. 하지만 [그들이 포기했던] 이 근거는 비판적 거리를 인정할까? 분명히 그렇다. 그렇지 않다면, 우리에겐, 지금 우리에게 있는 수보다 훨씬 더 적은 수의 비판가만이 있을 테니까. 비판을 하기 위해 우리가 사회 전체로부터 물러날 필요는 없다. 다만 사회 내에 있는 특정 종류의 세력관계로부터 물러나 있으면 된다. 그런 세력관계는 연결이 아니라 권위와 지배이며, 이 권위와 지배로부터 우리는 스스로 거리를 두어야 한다. 주변성은 이런 거리를 확립하기 위한

(혹은 경험하기 위한) 한 방법이다. 어떤 내부적인 물러남은 다른 식으로 나타난다. 나는 이런 것이 일반적으로 지적 생활에 있어 요구되는 것들이라고 생각한다. 탈무드의 학자가 학자 지망생에게 준 충고에서처럼 말이다: "일을 사랑하라, 타인에게 권력을 휘두르지 말라, 그리고 공직자들과의 친분을 추구하지 말라."[17] 권력을 실제로 쥐고 흔드는 일, 그리고 왕에게 영향력을 행사하고 싶은 마키아벨리적인 야심, 이런 것들은 비판 활동에 진정한 장애가 된다. 왜냐하면 그런 것들은 비판적 깐깐함이 가장 많이 필요한 사회의 그런 특징들을 두 눈 부릅뜨고 바라보기 어렵게 만들기 때문이다. 하지만 대립은 그만한 장애가 아니다. 우리가 대립 중에 있을 때에나 권력을 잡았을 때에나 객관적이지 않기는 마찬가지라고 할지라도 말이다.

다소 익살스럽게 묘사된 연령이라는 범주를 통해 비판적 거리에 대해 잠시 생각해 보자. 노인들은 카토(Cato)와 같은 비판가들이며 그들은 사물들이 그 한창시절을 지나면 지속적으로 쇠퇴한다고 여긴다. 청년들은 마르크스와 같은 비판가들이며 그들은 최상의 시대가 아직 오지 않았다고 믿는다. 노인기와 청년기 모두 비판적 거리를 만들어낸다. 무비판적인 시기는 아마도 그 둘 사이에 오는 것 같다. 하지만 노인과 청년의 원칙들은 서로 멀지 않고, 그것들은 분명히 객관적이지 않다. 노인들은 그리 멀지 않은 옛날을 기억한다. 청년들은 새롭게 사회화되어 있다. 만약 청년들이 (때때로) 급진적이고 이상주의적이기도 하다면, 이 점은 사회화의 지적 내용에 대한 무언가를 말하고 있는 것이다. 양 집

---

17) *Pike Avot*(Saying of the Fathers), 1. 10.

단이 비판을 수행할 수 있는 이유, 혹은 상대적으로 수월하게 수행할 수 있는 이유는 지역적인 형태의 경제활동에 그들이 참여해 있지 않고, 아니 충분히 참여해 있지 않고, 일어나고 있는 일에 대해 책임이 없고 정치적 권력을 갖고 있지 않다는 어떤 성격을 지녔기 때문이다. 노인들은 권력을 억지로 포기했을 수도 있다. 청년들은 권력을 잡으려고 애쓰고 있을 수도 있다. 하지만 내켜서 그랬든 아니든 간에 양 집단은 조금은 옆으로 비껴서 있다. 그들은 훈수꾼들이다.

조금 옆으로 비껴서 있는 것이지 밖에 있는 것은 아니다. 즉, 비판적 거리는 몇 인치 내로 매겨진다. 노인들과 청년들이 그 사회의 주요 경제, 정치적 과업의 권력을 잡고 있지 않지만, 그들도 그런 과업들의 성공에 대해, 적어도 그것들의 궁극적인 성공에 대해 조금도 가담 않고 지내지는 않는다. 그들은 일이 잘 되길 바란다. 이것은 사회비판가의 공통된 입장이기도 하다. 사회비판가는 새롭고 회의적인 시각으로 그가 살고 있는 사회를 바라볼 때도 사회를 초연하게 바라보고 있지 않다. 그는 이런저런 지배적인 관행이나 제도체제에 맹렬히 대립할 때에도 적으로서 그러는 것이 아니다. 그의 비판은 초연함이나 적개심을 필요로 하지 않는다. 왜냐하면 그는 비판적 개입의 정당성 보장을 이상주의에서 찾기 때문이다. 비록 그것이 실제로 현존하는 도덕적 세계에 대한 위선적 이상주의일지라도 말이다.

하지만 이것은 사회비판가들이 보통 가지고 있는 모습을 나타낸 그림이다. 그것은 이상적인 사회비판가를 묘사한 그림이 아니다. 사실, 나는 그런 [이상적인 사회비판가와 같은] 사람을 상상할 수 없다고 고백한다. 적어도 단 한 유형의 (객관적인) 관점과 단 한 유형의 비판 원칙을 지닌 단 한 유형의 사람으로서 사회비판가를 상상해야 한다면 말이다. 그럼에도 불구하고 나는 내가 제시한 그림에, 실제 사회비판가들의 지역적이고 다양한 여러 이상주의와 다른 나만의 어떤 이상주의를 슬쩍 갖고 들어왔다. 나는 비판가가 자기 사회에 대해 갖는 연결에는, 전혀 부당하지 않게 가치를 부여했다. 하지만 왜 비판가와 사회의 연결은 일반적으로 가치 있어야 하나? 사회들이 저마다 다른데 말이다. 물론 비판은 비판가가 지역적 가치에 호소할 수 있는 경우에 가장 잘 작동한다. 하지만 그렇다고 해서 비판가가 그렇게 할 수 없다거나, 하고 싶어하지 않는 경우에 비판이 전혀 작동하지 못한다는 것은 아니다. 러시아의 볼셰비키(Bolshevik) 지식인들의 경우를 살펴보자. 그람시가 훌륭한 몇 문장으로 이를 잘 요약했다.

사회에서 가장 활동적이고 정열적이고 유망하고 잘 훈련된 성원들 중 몇몇으로 이뤄진 한 엘리트 집단이 외국으로 이주하여 가장 앞선 서구 선진국들의 문화적, 역사적 경험들을 흡수하여 동화한다. 자기 민족성의 가장 핵심적인 성질을 잃어버리지 않고서, 즉 자기 민족과의 정서적, 역사적 유대를 깨뜨리지 않고서 말이다. 이렇게 지적인 견습훈련을 수행하고 난 후 그들은 자신의 나라로 돌아와 국민들을 강제적 계몽으로 내몰고, 진행 중인 역사적 단계들을 뛰어넘도록 강요한다.18)

'정서적 유대'에 대한 지적은, 서구문화에 동화된 이런 유망한

_____

18) *Prison Notebooks*, pp.19-20.

지식인들이 왜 서구에 남아 있지 않았는가를 설명하는 데 있어 필요하다. 그들은 태양을 봤지만 그럼에도 불구하고 동굴 속으로 되돌아갔다. 하지만 일단 되돌아가면, 그들은 그다지 정서적으로 생기 있게 보이지 않는다. 그들은 대단한 발견 — 도덕적이라기 보다 과학적인 성격의 발견 — 을 갖고 돌아왔다. 그것이 바로 그들이 그 먼 거리를 다녀오고자 했던 목적이었다. 거리상으로만 먼 것이 아니라, 시간상으로도 그들은 멀리 앞서 갔다. (네덜란드에 있었던 로크보다 훨씬 더 그러했다.) 이론적 선진성은 구 러시아에 대해 그들이 가졌던 초연함의 특징이었다. 이제 그들은 어떤 러시아적 뿌리도 갖고 있지 않은 참된 교리를 갖고 러시아를 대면한다. 볼셰비키적 사회비판은 분명히, 러시아적 여건과 주장들을 진지하게 끌어온다. 레닌이 말했듯이, "미약한 항의일지라도 그런 낱낱의 내용들을 모두 모으고 활용하는 것"이 필요했다. 미약한 항의는 정통 교리적 발견과 달리, 늘 지역적 현상이다.19) 하지만 이런 비판은 조잡한 도구적 성격을 지녔다. 볼셰비키 지도자들은 스스로를 러시아 문화의 공통 가치에 연결시킬 진지한 노력을 하지 않았다. 이 때문에 그들은 일단 집권하자 "국민들을 강제적 계몽으로 내몰"지 않을 수 없었다.

나는 레닌과 그 동료들에 대해 그들은 사회비판가가 아니었다고 말하고 싶은 마음이 든다. 왜냐하면 그들이 말했던 것들은 성격상, 좁은 의미에서 분석적이었거나 선동적이었기 때문이다. 하지만 아마도 그들은 나쁜 사회비판가였다고 말하는 것이 더 낫

---

19) Lenin, *What Is To Be Done?*(Moscow: Foreign Languages Publishing House, 1947), p.101.

겠다. 그들은 러시아를 멀리 떨어져서 바라보고 그들이 본 것들을 싫어하기만 했기 때문이다. 마찬가지로 그들은 나쁜 혁명가이다. 왜냐하면 그들은 쿠데타로 권력을 잡았고 그들이 나라를 정복한 양 다스렸기 때문이다. 이와 유익한 비교를 하려면, 사회혁명당(The Social Revolutionaries)이라고 스스로 불렀던 러시아 급진주의자 집단을 살펴보는 것이 좋겠다. 사회 혁명당은 러시아 촌락의 공동 가치들을 회복시키고 그래서 새로운 농경자본주의에 대한 러시아식의 반론을 구성하기 위해 열심히 일했다. 그들은 미르(mir)[20]에 관한 이야기를 들려주었다. 나는 이 이야기가 그러한 다른 대부분의 이야기들처럼 대개 공상적이었다고 추측한다. 하지만 그 가치들은 현실적이었다. 즉 그 가치들이 제도적으로 구현되지 않았다고 할지라도 — 구현된 적이 결코 없었다고 할지라도 — 많은 러시아인들은 그 가치를 인정하고 받아들였다. 그래서 사회 혁명당은 풍부함, 구체성, 정감들(이것들에 대해 나는 과장하고 싶지 않다)을 지녔던 러시아 변두리 촌락에서 사회관계에 대한 비판을 발전시켰다. 그런 비판은 그런 사회관계를 지니고 있던 이들에게 이해될 만한 것이었다. 이와 달리 볼셰비키 당은 마르크스 이론과 기회주의적 정치 사이를 산만하게 오갔기 때문에 이해 가능하지도 않았고 성의도 없었다.

분리된 비판이 지닌 문제 그리고 새롭게 발견되거나 창안된 도덕적 기준으로부터 나온 비판이 지닌 문제는 바로, 그런 비판이 그 비판의 실행자들로 하여금 조작과 강요로 나아가도록 압

---

20) [역주] 미르는 일찍이 러시아에 존재했던 자치적 농촌 공동체이다. 러시아 혁명 이후 부활하여 한때 강화되었으나 1929년 말 농업집단화 과정에서 해체되어 콜호스에 흡수되었다. (네이버백과사전 참조)

박한다는 것이다. 물론 많은 이들이 그런 압박에 대해 저항한다. 초연함과 냉정함은 그런 저항에 대항하기 위해 자기 안에 늘 있는 방어방식이다. 하지만 비판가가 영향력 있기를 원하고 그의 비판을 고향에 전달하길 원할 때(여기서 고향은 어떤 의미에서 더 이상 그 자신의 고향이 아니기도 하지만), 그는 그 자신이 이런저런 형태의 매력 없는 정치로 내몰리고 있다는 것을 알게 된다. 이 때문에, 나는 그런 식의 과업을 집단적 반성, 내부로부터의 비판 즉 '내재적 비판(immanent criticism)'이라고 종종 일컬어지는 것과 구분하려고 애써왔다. 초연한 비판가의 과업은 일종의 탈사회적 비판, 외부적 개입, 강요적 행위이며, 형태에 있어 지적인 행위이지만, 현실상에서 대응되는 사안을 가리키는 행위이다. 아마도 너무 자기 안에 폐쇄되어 있고 자신의 이데올로기적 정당화 안에서도 너무 견고하게 갇혀 있어서, 다른 대안이 도대체 가능하지 않고 [오직] 탈사회적인 비판이 필요한 사회가 있을 수 있다. 아마도 그럴 수도 있겠다. 하지만 그런 사회는 현실세계에 있다기보다 사회과학적 허구에 있기 마련이라는 것이 나의 생각이다.21)

---

21) 이런 기술에 해당할 만한 것을 찾자면, 더 큰 사회 내의 하위 집단들을 떠올리는 것이 더 쉬울 것이다. 가령 오늘날 미국의 암만파(Amish)나 하시디즘 유대인 집단처럼 강하게 조직된 정통 종교 공동체들이 그런 것이다. 정통 자체는 내부적 비판에 대한 걸림돌이 아니다. 중세 기독교의 끊임없는 이단논쟁이나 프로테스탄트 집단 내의 비판가들이 내세운 이의제기가 걸림돌이 아니듯이 말이다. 하지만 더 작고 밀착된 공동체일수록, 연결된 비판가들에게 [비판적] 자원을 제공하기 쉽지 않다. 연결된 비판가는 자신의 사회가 (불편하게나마) 속해 있는 어떤 더 넓은 정치적, 종교적 전통에 호소해야 할 것이다. 마치 암만파와 하시디즘 공동체의 비판가가 더 일반적인 프로테스탄트교나 유대교, 혹은 미국 자

하지만 때때로 현실 세계에서조차 비판가들은 일종의 탈사회성을 향해 치달을 때가 있다. 그가 새로운 도덕적 기준을 발견했기 때문이 아니라, 그의 동료들에게는 낯설고 심지어 어처구니없기까지 한 새로운 신학이나 우주론, 심리학을 발견했기 때문이다. 그런 이론들은 도덕적 주장도 도출하는 것으로 보인다. 프로이트(Sigmund Freud)는 가장 좋은 현대적 사례이다. 성도덕에 대한 그의 비판은 자유와 개인성이라는 자유주의 사상에 근거해 있을 수도 있다. 유사한 비판들이 이후에 그렇게 근거해 있는 것처럼 말이다. 하지만 프로이트는 그렇게 하기보다 자신이 새롭게 발견한 심리 이론을 통해 논증하였다. 그는 정말로 대단한 발견가요, 발견가들 사이의 독수리요, 억압적 법과 관행에 대한 영웅적 비판가였다. 하지만 프로이트주의적 혹은 정신 치료적 정치는 지역적 사고방식으로부터 단절되어 발견에 근거한 다른 정치와 마찬가지로 매력적이지 않으며, 그런 정치와 마찬가지로 조작적일 것이다. 그렇다면, 어떤 비판이나 대립적 정치도 이런 종류의 발견에 의존하지 않는 것이 좋은 일일 것이다. 사회비판가는 과학적 지식이 낳은 실천적 자손이라기보다 공통된 불만거리를 가진, 잘 배운 사촌이다. 우리는, 말하자면 현존하는 도덕을 정교화함으로써, 우리 사회보다는 조금 더 정의로운 사회에 대해 이야기함으로써 자연스럽게 비판가가 된다. 그 사회가 우리 사회와 전적으로 다를 수는 없겠지만 말이다.

이야기들을 들려주는 것이 낫다. 확정적인 최상의 이야기가 없을지라도 그렇게 하는 게 낫다. 일단 전파되면 미래의 모든 이야

유주의에 호소할 수도 있듯이 말이다.

기꾼들을 소용없게 만들, 그런 최종 이야기가 나타나지 않을지라도 그렇게 하는 게 낫다. 내 생각에는 이런 미결정성에 대해, 이유가 없는 건 아니지만 철학자들의 불안이 촉발되기 시작한다. 이 점 때문에, 초연함과 객관성의 정교한 기구 전체가 따라 나온다. 그 기구의 목적은 비판을 원활하게 하는 것이 아니라, 비판의 옳음을 보장하는 것이다. [하지만] 보장하는 이가 존재하지 않는 것처럼, 보장도 존재하지 않는다는 것이 맞는 말이다. 그리고 우리의 비판적인 이야기들을 필요로 하지 않고서 다만 발견되거나 창안되기를 기다리는 사회 역시 존재하지 않는다.

제 3 장

사회비판가로서의 예언자

제 3 장

사회비판가로서의 예언자

　내가 지금까지 논의해 온 대조점들과 모순점들, 즉 발견되거나 창안된 도덕과 해석된 도덕 간에, 외부적 비판과 내부적 비판 간에, 공유된 가치와 일상적 관행 간에, 사회적 연결과 비판적 거리 간에 있는 대조점들과 모순점들, 이 모든 것들은 매우 오래된 것이다. 그것은 현대적 특성이 아니다. 나는 분명, 현대적 어법으로 그것들을 기술했지만, 그것들은 다른 시대와 장소에서 다른 어법으로 기술되어 왔다. 그것들은 사회비판의 초기 사례에서도 충분히 나타난다. 그래서 나는 이 마지막 장에서 그것들이 적어도 서구 역사에서 어떤 모습으로 첫 선을 보였을까 알아보려 한다. 이제 내 논증의 이론적 뼈대에 역사적 살을 붙일 때이다. 그 연결된 비판가에게 이스라엘 최초의 아마도 가장 급진적인 문예적 예언자 아모스(Amos)라는 이름을 부여하는 것보다, 그는 우리의 살 중의 살[민족의 참된 일원]이라고 입증하는 것이 더 좋은 작업일 것이다.

나는 고대 이스라엘의 예언 활동을 이해하고 설명하려고 할 것이다. 나는 예언자들의 성품에 대해 논하려는 것이 아니다. 나는 영감이나 황홀경의 심리에 관심 있는 것이 아니다. 그리고 나는 예언서를 논하려는 것도 아니다. 왜냐하면 이 예언서들은 많은 지점에서 고통스러우리만치 불명료하며 나는 그것들을 해독하는 데 필요한 역사적, 철학적 지식을 갖고 있지 않기 때문이다. (혹은 논란되고 있는 구절의 사변적 독해를 제공하는 데 필요한 지식조차 갖고 있지 않다.) 나는 예언을 사회적 활동으로 이해하고 싶다. 즉, 예언자나 예언서에 관련해서가 아닌, 예언 메시지와 그 수용에 관련하여 이해하려 한다. 물론, 우리가 알고 있는 형태의 예언자 이전에, 선각자, 진실을 말하는 이, 신탁자, 점쟁이, 통찰가들이 있었다. 그리고 청중들은 그다지 그들의 메시지를 당혹스러워하지 않았다. 그들이 멸망과 영광에 대해 예언할 때, 특히 적에게는 멸망을 우리에게는 영광을 예고하는 순간에는 늘 청중이 있었다. 이사야(Isaiah)에 따르면, 사람들은 "우리에게 솔깃한 말이나 하시오"(「이사야서」 30장 10절)라고 말한다. 그리고 그런 것이 바로 회당과 사원의 직업적 예언자들이 보통 하는 일이다.[1] 이런 예언들이 흥미로워진 때는, 예언들이 아모스가 처음 그렇게 한 것처럼 도덕적 틀 안에 자리 잡게 되었을 때, 즉, 그 예언들이 모욕의 계기가 되고, 예언들이 일상생활의 제도와 활동에 대한 언어적 공격, 자극이 되었을 때에 이르러서였다. 그렇다면 왜 사람들이 그런 예언적 메시지를 경청하는지, 경청할 뿐 아

---

1) 다음을 참조하라. Johannes Lindblom, *Prophecy in Ancient Israel* (Oxford: Basil Blackwell, 1962), chs.1-2; Joseph Blenkensopp, *A History of Prophecy in Israel*(London: SPCK, 1984), ch.2.

니라 왜 베껴 쓰고 보존하고 반복하는지가 의문이 아닐 수 없다. 그 메시지는 듣기 좋은 말이 아니다. 사람들은 그 말을 기분 좋게 듣거나 기꺼이 따를 리가 없다. 사람들 대부분은 예언자가 그들에게 촉구한 행동을 하지 않는다. 하지만 그들은 그의 촉구를 기억하려고 마음먹는다. 왜 그럴까?

막스 베버(Max Weber)가 말하길, 바로 이 지점에서 "역사 기록상, 선동가가 처음 나타난다." 하지만 정확히 맞는 말은 아니다. 왜냐하면 예언자들이 사람들의 편에서 그들에게 주장했지만, 그리고 보통 여겨지는 선동가의 모습처럼 맹렬하고 분노에 찬 어조로 말했지만, 그들은 대중의 추종을 추구하거나 공직을 열망했던 것으로 보이지 않기 때문이다. 베버는 이스라엘과 유다의 도시에서 기록되고 회자되던 예언들이 최초로 알려진 정치 선전물의 예를 나타낸다고 주장한다.[2] 거의 맞는 말이긴 하지만 그것은 너무 좁은 해석이다. 예언적 종교는 정치뿐 아니라 사회적 삶의 모든 일상적 측면까지 아우른다. 예언자는 (이 용어는 아주 약간 시대에 맞지 않을 뿐이다.) 사회비판가였다. 더 나아가, 예언자는 사회비판이라는 활동의 창안자였다. 비록 그들 자신의 비판적 메시지를 창안한 것은 아니지만 말이다. 그래서 우리는 그 예언서를 읽고 그들이 처했던 사회를 연구함으로써, 비판을 가능케 하고 힘을 실어준 여건에 관한 것, 그리고 비판의 대상이 되는 사람들 속에서 비판가가 처한 입지에 관한 것도 배울 수 있다.

---

2) Weber, *Ancient Judaism*, trans. H. H. Gerth and Don Martindale (Glencoe: Free Press, 1952), pp.268-269, 272.

첫 번째 주목할 점은 예언적 메시지가 이전의 메시지에 의존한다는 것이다. 그것은 근본적으로 새로운 것이 아니다. 예언자는 그가 설파하는 도덕을 처음 발견한 사람도 아니고 만든 사람도 아니다. 나중의 예언자들 중 몇몇에게서 어떤 신학적인 개혁주의가 나타날 수는 있지만 그들 중 어떤 누구도 전적으로 독창적인 교설을 제시하지는 않는다. 대부분 그들은 독창성을 부정하였는데, 명시적으로는 그들이 그 메시지를 신에게 돌린다는 의미에서 그런 것이기도 하지만, 더 중요하게는, 그들이 끊임없이 자신의 말을 토라의 서사적 역사와 도덕적 교훈에 연결시킨다는 의미에서 그런 것이다. "사람아, 무엇이 착한 일인지 그분께서 너에게 이미 말씀하셨다."(「미카서」 6장 8절) 과거시제는 중요하다. 예언자는 이전의 메시지들, 신의 '보여줌', 청중들의 마음속에 있는 역사와 법의 직접성을 가정한다. 예언자는 비법을 가지고 있지 않다. 그들의 가장 가까운 제자들에게나 줄 법한 것도 없다. 그들은 많은 청중에게 말하며, 청중들의 분노에도 불구하고 그런 청중들을 당연하게 받아들이는 것처럼 보인다. 요하네스 린드블롬(Johannes Lindblom)이 말하길, 그들은 "그들의 말이 곧바로 이해되고 받아들여질 수는 있다"고 가정했다. 하지만 그것이 [순순히] 그렇게 될 것이라고 가정하지는 않았다. 예언자들은 그들의 예언을 듣는 사람들을 잘 알고 있었다.[3]

예언이 깔고 있는 가정과 연결된 사회학적 상관물은 고대 이스라엘의 정치적, 공동체적 구조에서 찾아볼 수 있다. 고대 이스라엘은 느슨하고 지역화되어 있고, 갈등의 요소를 담고 있는 체

---

3) *Prophecy in Ancient Israel*, p.313.

제였고, 서쪽의 이집트와 동쪽의 아시리아가 지닌 단일화된 위계질서에서 어느 정도 거리를 두고 성립되어 있는 체제였다. 이스라엘에서 종교는 사제들의 전유물이 아니었고 법은 왕실 관료들의 전유물이 아니었다. 우리가 알고 있는 형태의, 즉 비판적 형태의 예언은 그 나라 일상적 삶에서 사제들과 관료들의 세력이 상대적으로 약하지 않았더라면 가능하지 않았을 것이다. 필수적인 배경 조건은 예언서에 지적되어 있다. 정의는 성'문' 안에서 이루어지고 있고(혹은 이루어지고 있지 않고) 종교는 거리에서 토론되고 있다.4) 성서는 분명히 강한 대중적 종교성을 지닌 이스라엘인들 속에서 종교가 존재한다고 제시한다. 이것은 두 측면, 즉 개인적 신심과, 그리고 맹렬히 논쟁되기는 하지만 다소간의 공통적인 계약적 신조를 포함한다. 이 둘은 한데 모아져서, 좀 더 공식적인 종교 문화인 순례와 희사에 의존하지 않는 기도와 논증의 문화로 나아갔다. 베버가 말했듯이, 이런 비공식적인 종교성은 "도시 지식인들의 모임"에 의해 유지되다가 그 모임을 넘어서 확장하기까지 했다.5) 그렇지 않았다면, 예언은 결코 청중을 모으지 못했을 것이다.

혹은 예언이 완전히 다른 형태를 띠었을 것이다. 나는 「요나서」에서 또 다른 하나의 가능성을 뽑아 예시해 보려 한다. 「요나서」는 이스라엘의 역사와 법을 들먹이는 것이 분명히 마음에 와 닿지 않았을 니네베(Nineveh)라는 도시의 사람들에게 하느님이 예언자를 보낸 이야기이다. 하지만 우선 이스라엘 역사와 법에 대

---

4) 다음을 참조하라. James Luther May, *Amos: A Commentary*(Philadelphia: Westminster, 1969), pp.11, 93.

5) *Ancient Judaism*, p.279.

한 호소가 마음에 와 닿게 되는 여건들에 관해서, 특히 대중 종교의 힘과 정당성에 관해서 좀 더 많이 말할 필요가 있다. 부분적으로 이것은 모쉬 그린버그(Moshe Greenberg)가 묘사했던 자발적 기도의 관행과 같은 대중적 관행의 문제이다.6) 하지만 우리가 대중 종교성의 사상, 아니, 교리라고까지 부를 만한 것도 존재한다. 그 교리는 전적으로 계약된 신조에 알맞으며 그것은 이스라엘의 계약적 신학에 대한 핵심적 설명인 「신명기」에서 가장 분명하게 제시되어 있다. 「신명기」와 예언적 운동 간의 세부적인 관계는 하나의 논쟁거리이다. 예언자가 「신명기」 저자에게 영향을 주었을까, 아니면 「신명기」 저자가 예언자에게 영향을 주었을까? 영향은 양 방향에서, 그리고 우리가 결코 완전히 이해할 수 없을 방식으로 작용했다고 보인다. 어느 경우든, 예언서에 담긴 수많은 구절들은 우리가 지금 전해 받은 바대로의 「신명기」 문헌을 반영하고 있고(혹은 예견하고 있고?), 「신명기」가 정교화한 계약적 전통은 분명히 아모스보다는 오래된 것이다. 「신명기」 문헌의 '발견'이 아모스의 예언 이후 1세기 반이 지나서야 이뤄졌지만 말이다.7) 그래서 나는 「신명기」가 예언의 교리적 배경을 제시한다고 간주할 것이다. 즉 그 문헌은 기도와 논증이라는 비공식적이고 사제와 무관한 문화에 대한 규범적 설명을 제시한다.

잠시 나는 두 구절을 살펴보려 한다. 첫 번째 것은 「신명기」

---

6) Greenberg, *Biblical Prose Prayer as a Window to the Popular Religion of Ancient Israel*(Berkeley: University of California Press, 1983).

7) 다음을 참조하라. Anthony Phillips, "Prophecy and Law", in R. Coggins, A. Philips, and M. Knibb, ed., *Israel's Prophetic Tradition* (Cambridge: Cambridge University Press, 1982), p.218.

끝부분에 나오는 것이고 두 번째 것은 「신명기」 처음 부분에 나오는 것이다. 이 두 부분 모두 기원전 621년 예루살렘에서 나온 원고의 일부인지는 확답할 수 없으며, 다른 이도 확답할 수 없다. 하지만 그 두 부분은 계약 문서로서의 원본이 갖는 정신을 공유하고 있다. 첫 번째 구절은 내가 1장 결론부에서 했던 탈무드 이야기의 토대를 이루었다.

> 내가 오늘 너희에게 명령하는 이 계명은 너희가 못 보게 숨겨져 있지 않고, (히브리어 *felah*, 이것은 이렇게 해석될 수 있다. "그것은 너희가 보기에 너무 어렵지 않다.") 멀리 있는 것도 아니다. 이것은 하늘에 있지도 않다. 그러니 "누가 하늘로 올라가서 그것을 가져다 우리에게 들려주리오? 그러면 우리가 실천할 터인데." 하고 말할 필요도 없다. 또 그것은 바다 건너편에 있지도 않다. … 사실 그 말씀은 너희에게 아주 가까이 있다. 너희의 입과 너희의 마음에 있기 때문에 너희가 그 말씀을 실천할 수 있는 것이다(「신명기」 30장 11-14절).

물론 모세는 산으로 올라갔지만, 아무도 그 일을 반복할 필요는 없었다. 사람과 신 사이의 중재자에게 해당되는 특별한 역할은 더 이상 없다. 그 법은 하늘에 있지 않다. 그것은 사회의 차지이다. 예언은 사람들에게 그 자신들의 마음을 보여주기만 하면 된다. 그의 말이 "광야에서 들려오는 목소리"라면(「이사야」 40장 3절), 그것은 그가 신의 명령을 구하는 영웅적 호소를 하고 있기 때문이 아니다. 그의 모습은 사람들 자신의 역사, 그들만의 광야 생활 시기(신의 목소리가 광야에서 들리던 때)를 기억하게 하고, 그들은 이미 명령을 알고 있다는 것을 그들에게 상기시킨다. 그리고 그 명령이 [잊혀진 나머지] 상기될 필요가 있을 수도 있겠지만, 그럴 경우 그 명령에 대한 앎은 즉시 회복된다. 왜냐하면 토라는 비밀스러운 가르침이 아니기 때문이다. 그것은 숨겨져 있거나 불명료하거나 어렵지 않다. (그 히브리 단어는 이 세 의미를 모두 가지고 있다. 그뿐만 아니라 '신기하다', '옆에 따로 놓여 있다'라는 뜻도 포함한다. 이것은 신성한 책이 각별히 훈련받은 사제를 위한 용도로 옆에 따로 놓여 있을 때 쓰는 말이다.) 이런 가르침은 잘 사용될 수 있고 상식적이고 대중적이다. 그래서 모든 이가 그것에 관해 이야기하도록 명령받는 것이다.

> 오늘 내가 너희에게 명령하는 이 말은 마음에 새겨두어라. 너희는 집에 앉아 있을 때나 길을 갈 때에나, 누워 있을 때나 일어나 있을 때나, 이 말을 너희 자녀에게 거듭 들려주고 일러주어라 (「신명기」 6장 6-7절).

예언은 특별한 종류의 이야기 방식이다. 그것은 잘 교육된 이야기 방식이라기보다 예언자의 청중 중 상당 부분을 차지하는 사람들 사이에서 적어도 때때로 일상적인 담론이었음에 틀림없던 것들의 영감 어리고 시적인 형태이다. 핵심 문헌에 나타난 예식의 반복뿐 아니라 진실한 기도, 이야기 전달, 교리 논쟁이 바로 그것이다. 성경은 이 모든 것들을 위한 증거를 제공한다. 그리고 예언은 성경의 연속선상에 있고 성경에 의존해 있다. 예언자와 공인된 사제직 간의 갈등이 있기는 하지만 예언은 결코 지하문화나 분파적 운동을 만들어내지 않는다. 아모스(Amos)와 사제 아마츠야(Amaziah) 간의 논쟁을 보면, 종교적 전통에 호소한

이는 예언자 아모스이고, 국가의 명분에만 호소한 이는 사제 아마츠야이다(「아모스서」 7장 10-17절). 예언은 기억, 인정, 분노, 회심(repentance)을 불러일으키려 한다. 히브리어에서 이 말들 중 마지막 것은 '방향을 바꿈(to turn), 되돌아감(to turn back), 다시 돌아감(to return)'을 뜻하는 하나의 어근으로부터 파생한다. 그래서 이 점으로부터 회심(repentance)은 이전에 수용되고 공통적으로 이해된 도덕에 기반해 있다는 함축이 나온다. 이와 똑같은 함축이 예언 자체에도 명백히 나타난다. 예언은 멸망을 예고하지만 그 예고를 듣는 이들의 마음을 움직이는 것은 재앙이 닥쳐올 것에 대한 두려움이 아니라 그 법에 대한 앎, 그들 자신의 역사에 대한 감지, 종교 전통에 대한 정서이다. 그린버그가 말하길, 예언적 경고는,

> 공통된 근거를 전제한다. 예언자와 청중은 역사적 전통에 관해서뿐만 아니라 종교적 명령에 대해서도 그 공통된 근거 위에 서 있다. 예언자는 청중들의 더 나은 본성에 호소하는 것으로 보인다. 그들이 알고 있지만(혹은 한때 알았지만) 무시하고 잊고 싶어하는 신의 명령을 그들에게 대면시켜 보이며 호소한다. … 개혁적인 예언자들이 세대에 걸쳐 계속 지속되는 이유는 작은 낙관주의 때문만은 아니며, 더 많은 이유 때문이다. 그것은 최종적으로 분석해 보면 청중들의 마음 안에서 옹호자를 찾아낼 수 있다는 그 예언자들의 확신을 반영한다.[8]

이 견해와 「요나서」가 제시한 예를 대조해 보자. 이것은 신의 명령과 신의 배려에 관한 보편주의를 주장하기 위해 흔히 채택

---

8) *Prose Prayer*, p.56.

된 나중의 (바빌로니아 유배 이후의) 이야기이다. 보편주의가 사실, 예전에도 있었던 주장이긴 하지만 말이다. 아마도 요나 이야기는 유다 복원의 지역주의에 대한 공격으로서 바빌로니아에서의 귀환 이후 얼마간 다시 전해 내려온 옛날이야기일 것이다. 그 이야기의 직접적인 논점은 신의 명령도 번복 가능하다는 것이다. 이 점은 적어도 암묵적으로나마 초기 예언자들로부터 제시되었던 것이다.9) 신 스스로 '마음을 돌이킬' 수 있다는 것은 아모스에 의해 제시된다(「아모스서」 7장 3절). 그리고 더 이전에 「탈출기」 이야기에도 놀랄 만한 예가 있다. 하지만 나는 「요나서」의 또 다른 특징을 강조하여 요나의 메시지가 지녔던 내용을 이스라엘 예언자들의 메시지가 지녔던 내용과 대조하려 한다. 이러한 대조는, 그 이야기 속의 요나(Jonah)라는 인물이 「열왕기」 14장 25절에 나온 아미타이(Amitai)의 아들이며, 아모스와 동시대인이었던 예언자 요나와 동일인물이라는 점이 확인될 수 있다면, 더욱 분명해질 것이다. 하지만 이런 대조가 인물 확인에 따라 달라지는 것은 아니다. 요나 이야기의 기원과 작자의 의도보다는 그 이야기 자체가 논의에 직접적으로 중요하다. 나는 말 그대로 '전체 줄거리'를 받아들이고, 눈에 보이는 이상한 점들(가령, 어떤 이스라엘 예언자도 비슷한 성공을 했다고 전해진 바 없는데도 불구하고, 니네베 사람들이 실제로 회개했다는 사실)은 넘어갈 것이다. 요나가 니네베의 멸망을 예언할 때, 그는 분명히 베텔에

---

9) Yehezke Kaufmann, *The Religion of Israel*, trans. Moshe Greenberg (Chicago: University of Chicago Press, 1960), pp.282-284, 여기서 카우프만은 우리가 알고 있는 「요나서」가 기원전 8세기에 지어졌다고 주장하지만, 이에 동의하는 학자는 거의 없다.

서의 아모스 혹은 예루살렘에서의 미카(Micah)와는 다른 종류의 예언자이다. 왜냐하면 멸망만이 그가 예언한 내용의 전부이기 때문이다. 그는 계약적 형태에 구현된 종교 전통이나 도덕법에 의거할 수 없다. 니네베 주민의 종교가 무엇이건 간에, 요나는 그것에 대해 아는 바도 없고, 관심도 없는 것으로 보인다. 그는 니네베 사회의 초연한 비판가이며 그의 예언은 단 한 문장으로 되어 있다. "이제 사십일이 지나면 니네베는 멸망한다!"(「요나서」 3장 4절)

'멸망한다'는 「창세기」 19장 25절에서 소돔과 고모라의 운명을 말할 때 사용된 동사이다. 그 말이 니네베와 이 두 도시를 유사하게 만들어준다. 이 세 도시는 그 거주민들의 '사악함' 때문에 비판된다. 나훔 사르나(Nahum Sarna)는 더 나아간 비교점을 제시하는데, 이것은 어떤 또 다른 말이 [두 이야기에] 반복되어 나타난다는 데에 근거해 있다. 니네베는 '폭력'이라는 범죄로 가득 차 있다. 이 점은 정죄를 불러일으키고, 그 정죄는 홍수[가 발생한 이유]를 설명한다: "세상은 폭력으로 가득 차 있었다."(「창세기」 6장 11절) 어떤 경우에서건, 더 나아간 자세한 설명이 없다.10) 소돔의 사악함은 적어도 최소적으로나마 명시화되어 있다. 그 사악함의 직접적인 형태는 손님과 낯선 이에 대한 성적 학대이다. 하지만 우리는 소돔 내부의 삶 혹은 소돔 시민의 도덕적 역사나 입장에 대해 실제로 거의 아는 바가 없다. 그리고 우리는 [노아의] 홍수 이전의 세계에 대해서나 니네베라는 멀리 떨어진

---

10) Nahum Sarna, *Understanding Genesis: The Heritage of Biblical Israel* (New York: Schocken, 1970), p. 145.

도시에 대해서 잘 알지 못한다. 요나는 우리에게 아무것도 말해 주지 않는다. 요나의 예언은 시(poetry)가 없는, 반향과 암시가 없는, 혹은 구체적인 세부내용이 없는 예언이다. 그 예언자는 그 도시의 주민들과 연결되지 않은 낯선 목소리, 단순한 전달자로서 왔다가는 가버린다. 나중에 하느님이 그에게 니네베 사람들에 대한 존중을 가르쳐주었지만, [요나에게 있어] 이 존중은 단지 "오른쪽과 왼쪽을 가릴 줄도 모르는 사람 십이만 명"(「요나서」 4장 11절)에 대한 다소 추상적인 '동정'에 불과하다.

이 마지막 구절은 아마도 니네베의 어린이들을 가리키는 것 같다. 어른들은 어느 정도 분별력이 있는 것으로 보인다. 그들은 회심을 하니까. 요나가 그것에 대해 거의 말한 바 없지만, 니네베 사람들이 되돌아가 기댈 수 있는 어떤 도덕적 지식이 존재한다. 즉, 신과 그의 예언자들이 똑같이 전제했던 어떤 기본적인 지식이 존재한다. 물론, 니네베는 그 도시만의 도덕적, 종교적 역사, 그 도시만의 신조, 규범, 사당, 사제, 그리고 그 도시만의 신을 가지고 있다. 하지만 요나의 목적은 이런 것들을 그 도시 사람들에게 상기시키는 것이 아니다. 오직 지역적 예언자(연결된 비판가)만이 그 일을 할 수 있을 것이다. 요나가 니네베 사람들과 대화하는 장면을 상상해 보자. 요나는 무슨 말을 할 수 있었을까? 대화는 공통성에 의존한다. 그리고 공통성은 여기서 최소적이기 때문에, 우리는 단지 최소적인 대화만을 상상해 낼 수 있다. 아무 말할 거리가 없는 것은 아니지만, 대화는 공통 생활에 근거하지 않은 도덕적 이해방식들에 집중되어 있어서, 얕게만 이뤄질 것이다. 뉘앙스나 미묘함이 자리할 여지는 거의 없을 것이다. 요나의 예언과 그의 성취는 이런 식이다. 사람들은 잘못을 깨닫고, "저마다 제 손에 놓인 폭력"(「요나서」 3장 8절)을 내버린다. 특정한 도덕적, 종교적 역사에 근거하지 않아도 깨달을 수 있는 이런 '폭력'은 어떤 것일까?

「아모스서」의 첫 두 장이 이 질문에 대한 대답을 준다. 여기서 아모스 예언자는 이스라엘이 최근 교전해 왔던 나라들을 '판결한다.' 그리고 그는 때론 불분명하지만, 간단하게 그들의 범죄를 설명한다. 다마스쿠스(Damascus)는 "타작기로 길앗(Gilead) 사람들을 짓뭉갰고" 이것은 전쟁 시에 있어서 극단적인 잔인성에 해당하는 것으로 보인다. 가자(Gaza)는 "사로잡은 이들을 모조리 끌고 갔고", 티로(Tyre)는 조약을 어겼고, 에돔(Edom)은 "그의 칼을 들고 제 형제를 뒤쫓으며 동정심마저 버렸다." 암몬(Ammon)은 "길앗 여자들의 임신한 배를 갈랐고" 모압(Moab)은 "에돔 임금의 뼈를 불살라서 횟가루로 만들어버렸다."(「아모스서」 1장 3절-2장 2절) 이 모든 것은 '폭력'이라는 범죄이며, 이 모든 일들에 있어서 희생자는 동료 시민들이 아니라 적과 이방인들이다. 이것은 (이스라엘과 유다가 아니라) 그 '나라들'이 처벌받아야 할 유일한 범죄이다. 아모스 예언자는 이스라엘의 이웃나라들에 대해서 최소적 규범의 위반에 대해서만 판결한다. 이 최소적 규범은 베버가 제시하듯이, "팔레스타인인들 사이에서 타당한 것으로 전제된 국제적인 종교법의 한 형태이다."11) 니네베에서 요나가 그랬듯이, 아모스는 이 인민들의 실질적인 사회도덕에 대해서는, 그리고 그들의 내부적 관행과 제도에 대해서는 아무 말도 하지 않는다.

---

11) *Ancient Judaism*, p.302.

그 나라들에 대한 아모스의 판단은 나중에 새롭게 등장한 보편주의가 아닌 예전에 있었던 친숙한 보편주의를 제시한다. 적과 이방인에 대한 대우를 정해 주는 일종의 국제법이 존재한다는 것은 소돔과 고모라 이야기에 전제되어 있는 것으로 보이며, 아모스는 그의 청중들이 그 이야기를 잘 알고 있는 양, 그 이야기를 기탄없이 끌어들인다(「아모스서」 4장 11절). 그리고 그러한 몇몇의 최소적 규범은 홍수 이야기의 저변에도 놓여 있을지 모른다. 그로부터 몇 세기 이후에 「요나서」의 작자는 그 논증에 아무것도 부가하지 않는다. 신은 '폭력'이 일어나는 곳마다 그것을 벌할 것이다. 하지만 이런 보편주의와 함께, 더 특수주의적인 메시지가 존재한다. 이 메시지는 (적어도 이스라엘 예언자들이) 이스라엘의 어린이들에게 전하는 것이다.

나는 이 땅의 모든 씨족 가운데에서 너희만 알았다.
따라서 그 모든 죄를 지은 너희를 나는 벌하리라(「아모스서」 3장 2절).

'그 모든 죄'는 국제적인 죄악뿐 아니라 국내적인 죄악도 말한다. 이 어구를 정교화하면 특수한 도덕, 예언자의 내용적 논변이 만들어진다.

예언자의 관심은 이 인민, 자기가 속한 인민, 아모스가 말한 대로 이집트에서 빠져나온 '씨족'에게 향한다(「아모스서」 2장 10절). (현재 논의를 위해서 나는 이스라엘과 유다라는 경쟁관계의 왕국 사이의 정치적 구분은 무시할 것이다. 이 두 나라는 역사와 법을 공유하였고, 아모스와 같은 예언자들은 이 두 나라 사이를 오갔다.) 이와 대조적으로 요나는 니네베에 개인적으로 관심이 없으며, 니네베의 도덕적 역사에 대해 알지도 못한다. 그러므로 마르틴 부버(Martin Buber)가 요나 이야기를 "예언자적 성격과 업무의 전형"12)이라고 간주하는 것은 잘못이다. 예언자의 전형적 업무는 그 인민들이 서로 간에 갖는 관계(그리고 '그들의' 신과 갖는 관계)를 판단하는 것이며, 그들 사회의 내부적 성격을 판단하는 것이다. 이것이 바로 요나가 하지 못한 것이다. 린드블롬이 좀 더 정확히 말했듯이, 예언자적 가르침은 "연대(solidarity)의 원칙이라는 특징을 가진다. 자비와 정의에 대한 요구 뒤에는 인민에 대한 개념, 즉 선출과 계약으로 통합된 유기적 전체로서의 인민이라는 개념이 자리한다." 우리는 그것[인민]이 특정한 역사를 통해 선별된 것이라고 말할 수도 있을 것이다.13) 이런 연대에 헌신하고 있는 예언자는 그들이 어떤 광범한 보편주의를 피하듯이 지역주의도 피한다. 그들은 더 이상 선별하려 하지 않는다. 그들은 스스로를 '동포'라는 테두리 안에 모으려 애쓰지 않는다. 그들은 청중들에게 말할 때 늘 이스라엘, 요셉, 야곱과 같은 이름 즉, 그들과 청중들을 함께 묶어주는 고유명사를 사용한다. 그들의 초점은 늘 계약된 공동체 전체의 운명에 맞춰져 있다.

이와 같은 이유에서, 예언자의 메시지는 단연코 현세적이다. 그들의 메시지는 사회적이고 일상적인 윤리이다. 여기서 두 가지가 중요한데 나는 이 두 가지를 모두 베버에게서 취해 왔다. 그

---

12) Buber, *The Prophetic Faith*(New York: Harper and Brothers, 1960), p. 104.

13) *Prophecy in Ancient Israel*, p.344.

의 비교학적 관점은 시사하는 바가 매우 많다.14) 첫째, 예언자적 이상향은 없으며, '최상의' 정치적, 종교적 정치체에 대한 (가령, 플라톤과 같은 형태의) 설명은 없다. 즉 역사가 없기에, 그 어디에든 존재할 수 있고, 그래서 사실상 아무 곳에도 존재하지 않는 그런 통치체제에 대한 설명은 존재하지 않는다. 예언자는 철학적 상상력을 가지고 있지 않다. 그들은 비록 화를 내지만, 그 자신의 사회에 뿌리내리고 있다. 이스라엘의 집이 여기 있고, 그 집은 이스라엘의 법에 따르기만 하면 된다. 둘째, 예언자들은 개인적 구원이나 자기 영혼의 완전성에 대해서는 관심이 없다. 그들은 종교적 달인 혹은 신비가가 아니다. 그들은 결코 금욕주의나 현세 부정을 옹호하지 않는다. 그른 행위와 옳은 행위는 모두 사회적 경험들이고 예언자와 그의 청중들은 연대의 원칙에 따라 이 경험들에 관련되어 있다. 그 행위를 자신이 했든 아니든 간에 말이다. 이상향에 대한 사변과 현세 부정은 특수주의를 피해 가는 두 형태이다. 이 둘은 늘 문화적으로 특정한 형태를 갖기 마련이지만, 원칙상으로는 문화적 정체성을 의식하지 않아도 쓰일 수 있다. 즉, 어느 누구도 이 세상을 뒤로 하고 떠날 수 있고, '아무 곳도 아닌 곳'에 갈 수 있다. 이와 대조적으로 예언적 주장은, 현세에 사는 인민들은 현세의 방식으로 살아가야 한다는 것이다.

예언자는 특정한 종교 전통과 특정한 도덕법에 호소하는데, 이때 예언자는 청중들이 이 양자를 알고 있다고 가정한다. 예언자는 그것들을 늘 참조한다. 그것들 중 어떤 것은 우리에게 신비롭지만, 그것들은 아마도 베텔과 예루살렘에 그것을 들으러 왔던

---

14) *Ancient Judaism*, pp.275, 285, 313-314.

사람들에게는 신비로운 것이 아니었을 것이다. [현재의] 우리는 주석이 필요하지만, 예언은 현대의 몇몇 시들처럼 주석의 도움을 받아 읽게끔 만들어진 것이 아니다. 「아모스서」에서 나온 이 구절을 보자. 이것은 은을 받고 의로운 이를 팔아넘기고 신발 한 켤레를 받고 곤궁한 이를 팔아넘기는 것에 대한 유명한 구절 다음에 곧바로 나오는 구절이다.

제단마다 그 옆에
저당 잡은 옷들을 펴서 드러눕는다(「아모스서」 2장 8절).

이 구절은 「탈출기」 22장 26-27절(계약서의 부분)의 법을 가리킨다. "너희가 이웃의 겉옷을 담보로 잡았으면, 해가 지기 전에 돌려주어야 한다. 그가 덮을 것이라고는 그것뿐이고, 몸을 가릴 그 겉옷뿐인데, 무엇을 덮고 자겠느냐?" 아모스 예언자의 요구는 그 법이 없었다면 이해가 되지 않는다. 그 법이 이미 기록되어 있던 것이든, (이 경우는 그렇게 보인다.) 아니면 구전으로만 알려지는 것이든 간에 핵심은 그 법이 알려져 있었다는 것이며, 참조된 바의 형태를 보건대, 흔히 알려져 있었다는 것이다. 하지만 그 법이나 그 법의 저변에 있는 도덕이 보편적으로 알려져 있지는 않다. [현재의] 우리는 저당(담보)에 대한 다른 생각을 가지고 있으며, 우리의 생각이 부당하다는 것은 불분명하다.

하지만 예언자들은 그 전통을 상기시켜 되풀이할 뿐만 아니라 그것을 해석하고 수정한다. 사회비판에 대한 일반적 이해를 위해 예언자의 사례를 드는 것은 유익하지만 나는 이런 사례의 가치를 부정하려는 시도들을 간혹 만나게 된다. 그들의 주장에 따르면, 그런 사례가 무의미한 까닭은, 오늘날 우리의 상황은 경쟁하는 전통과 끝없는 불일치에 직면하는 것인 데 반해, 이스라엘은 유별나게 정합적인 도덕적 전통하에 놓여 있다는 점 때문이다.15) 하지만 이스라엘 종교의 정합성은 예언자가 하는 작업 앞에 놓였던 선결조건이라기보다 그 작업의 결과에 가깝다. 그 예언들은 신명기 학파의 문헌들과 함께, 우리가 통상적인 유대교라고 부를 만한 것을 창출하기 시작한다. 선행하는 도덕적, 법적 규범, 공통된 과거에 대한 감각, 대중적 종교성의 깊이를 강조하는 것이 중요하다. 하지만 이 모든 것들은 여전히 신학적으로 불완전하고, 매우 논쟁적이며, 근본적으로 형태상 다원주의적이다. 사실상, 예언자는 쓰일 만한 재료들 중에 골라서 선택한다. 아마츠야와 같은 사제들이 이스라엘 종교에 있어 "이차적이고 종속적"이라고 생각한 것을 예언자는 "일차적인 것으로 … 그리고 새로운 … 이론적 복합체의 핵심"으로 간주한다. 혹은 똑같은 논지를 다르게 놓아본다면, 예언자는 그들 당대의 사람들에게 이해가 될, 그리고 그 사람들의 경험과 연결될 전통상을 만들어내려고 한다. 그들은 과거에 의존하고 있지만 그들이 의존하고 있는 과거의

---

15) 혹은, 아모스는 신의 이름으로 말할 수 있었지만 [현대문명에 사는] 우리는 그런 권위를 주장할 수 없다는 지적도 가능하다. 물론 이로 인해 차이는 생기지만, 이 차이는 그다지 의미 있는 차이는 아니다. 비판은 반대의 행동이며 적절한 비교는 비판가와 그의 반대자 사이에 이뤄지는 것이지, 한 문화권의 비판가와 다른 문화권의 비판가 사이에 이뤄지는 것이 아니다. 그리고 아모스의 반대자도 역시 신의 이름으로 말했다. 한편, 현대 사회비판가의 반대자는 보통 그런 주장을 하지 않는다. 각 문화권에 걸쳐 유사한 것이 있다면, 그것은 바로 각자의 문화권 내의 유사성일 것이다. 똑같은 원천들－권위적 문헌, 기억, 가치, 관행, 관습－이 사회비판가들과 현상 유지론자들 모두에게 쓰일 수 있다.

형태를 다시 구성하기도 한다.16)

이런 일을 할 때에도, 그들은 혼자서 하지 않을 것이다. 우리가 고대 이스라엘을 도덕적 정합성의 유별난 사례로 보는 것에 반대해야 하는 것과 마찬가지로, 우리는 예언자들이 독특하고, 별나고, 외로운 개인이라고 보는 것에 반대해야 한다. 그들이 이스라엘의 신조를 반복할 때 혼자가 아니었듯이, 그 신조를 해석할 때에도 혼자가 아니다. 내가 기술했던 식의 해석은 하나의 공동 활동이다. 그것은 예언자들이 했던 방식이다. 가령, 「탈출기」의 사회 규범에 대한 새로운 강조는 이스라엘과 유다의 도시들에서 회자되었던 토론과 논증 ─ 이것은 쉽게 상상될 수 있다 ─ 에 거의 확실히 뿌리를 두고 있다. 아모스는 저당에 관한 법이 위반되고 있다는 것을 깨달은 최초의 사람이었다고 하기 힘들다. 그는 저당법과 「탈출기」 시절의 모든 법을 새로운 의미로 바꾼, 도시의 성장과 계급 분화라는 배경을 비판한다. 마찬가지로 예언자들이 의례적 희사를 강조하지 않게 된 것은 대중적 신심에 근

---

16) 예언자들은 이 마지막 문단이 제시하는 것보다 더 근본적으로 과거와 절연한다고 발터 짐머리(Walther Zimmerli)는 주장한다. 예언적 '선언'은 전통적 자원들을 이용하고 있음에도 불구하고 그 전통적 자원을 압도하며, 따라서 '해석'이라는 이름하에 파악될 수 없다. 전통은 "유익한 느낌을 주지만, 산산이 흩어져서 한낱 역사적 회상에 불과한 빈껍데기가 된다." "Prophetic Proclamation and Reinterpretation", in Douglas Knight, ed. *Tradition and Theology in the Old Testament*(Philadelphia: Fortress Press, n. d.), p.99. 하지만 이것은 예언적 선언의 내용, 이스라엘이 따르던 어법과 기준들을 무시한다. 그것이 그 인민들이 따랐던 혹은 친숙하게 생각되는 기준을 가리키지 않는다면, 판단은 전적으로 자의적인 것이 되었을 것이다. 아모스는 그런 어법과 기준들에 대한 참조를 체계적으로 한다.

거하며, 사제의 매개적 역할에 대한 거부 혹은 회피에 근거하며, 모든 이스라엘이 "사제들의 왕국, 거룩한 나라"[17]가 될 것이라는 예전의 꿈을 꾸며 개인적으로 기도하는 자발적 행위에 근거한다. 하지만 신심과 행동의 연관관계를 가장 분명하게 확립하는 이는 예언자이며, 탈출기 시절의 법을 사회비판의 무기로 가장 명시적으로 사용하는 이도 예언자이다.

아모스의 주장은 새로운 강조와 새로운 탈강조 모두를 극적으로 보여준다. 우리는 그의 예언에 앞서 발생하여 그 예언을 촉발한 사회 변화들을 가정해야 한다. 과거에 자유민 사회였고 이제는 이념적으로만 자유민 사회인 그곳에 점점 더 큰 불평등이 생겨나게 된 일이 바로 그것이다. 분명히 그런 류의 불평등은 이미 오래된 것이었다. 그렇지 않았으면 그 효과를 완화시키기 위한 사회 규범이 옛날에도 없었을 것이다. 하지만 기원전 8세기 때까지 왕정 기간은 새로운 상위계급이 새로운 하위계급을 이용해서 먹고사는 도시의 발전과 궁정생활을 가져왔다. 이 경우에 있어 고고학적 발견은, 다른 보통의 경우보다 더 명시적으로 그 발전을 입증한다. "예전의 단순하고 통일된 형태의 집들은 한편으로는 부자들의 호화로운 집으로, 다른 한편으로는 오두막집으로 바뀌었다."[18] 아모스는 무엇보다도 이러한 새로운 상위계급에 대한 비판가이다. 이 상위계급의 성원들은 점점 우리가 지금 높은 생활수준이라고 부르는 것들, 겨울 별장과 여름 별장(「아모스서」 3장 5절),[19] 상아 침상(「아모스서」 6장 4절), 사치스런 연회, 값

---

17) Greenberg, *Prose Prayer*, p.52.
18) Martin Smith, *Palestinian Parties and Politics That Shaped the Old Testament*(New York: Columbia University Press, 1971), p.139.

비싼 향수를 가질 수 있었고, 그것을 누리게 되었다.

　　대접으로 포도주를 퍼마시고
　　최고급 향유를 몸에 바르고 있구나(「아모스서」 6장 6절).

　이 모든 것들에 대한 예언자의 신랄한 기술은 종종 일종의 목가적 청교도주의로, 도시의 화려함에 대한 시골뜨기의 혐오로 규정된다.[20) 이런 견해는 무시할 만한 것이 아니다. 예언 역시 도시적 경험과 논증을 끌어들이기는 하지만 말이다. 만약 예언자가 종종 그 도시를 멀리서 본다면, 그는 거리를 두고 그 도시의 부자와 권력자들을 바라보기만 하는 경우가 많을 것이다. 즉 그들의 억압을 받았던 사람들의 관점에서 보는 경우가 많을 것이다. 그리고 나서 그는 억압자들도 공유하는 척하는 가치들에 호소할 것이다. 아모스의 주된 공격, 그의 비판적 메시지는 부자들이 잘산다는 것에 있지 않다. 그들이 가난한 자들의 희생 덕에 잘살고 있다는 것에 그 비판의 초점이 있다. 그들은 계약된 법뿐만 아니라 결속 자체, 연대의 원칙도 잊었다. "요셉 집안이 망하는 것은 아랑곳하지 않는다."(「아모스서」 6장 6절) 이보다 더한 것은, 그들 스스로가 요셉 집안의 고통에 책임이 있다는 것이며, 그들은 이집트가 저지른 억압의 범죄를 저지르고 있다는 것이다.
　'억압하다'를 의미하는 아모스의 용어는 '아쇽('ashok)'이다.

---

19) [역주] 이 내용은 「아모스서」 3장 15절에 있다. 저자가 잘못 표기한 것 같다.

20) 다음을 참조하라. 가령, Blenkensopp, *History of Prophecy*, p.95; Henry McKeating, *The Cambridge Bible Commentary: Amos, Hosea, Micah* (Cambridge: Cambridge University Press, 1971), p.5.

그는 「탈출기」의 용어인 '라하츠(*Lahatz*)'를 단 한 번만 사용한다(「아모스서」 6장 14절). 그는 이름 모를 이방 세력의 손에 이스라엘이 넘어가게 될 것을 묘사하는 때에 그 말을 사용한다. 이런 용어의 전환을 보면, 아모스가 전통 내에서 새로운 사회적 경험들에 어떻게 반응하는지를 잘 알 수 있다. '라하츠(*Lahatz*)'는 '눌러 내리다, 짜내다, 짓밟다, 구속하다, 강압하다'를 의미한다. '아쇽('*ashok*)'이 전하는 의미의 범위는 매우 다르다. '부당하게 대우하다, 착취하다, 그르게 대하다, 상해를 입히다, 탈취하다, 기만하다'라는 뜻을 지닌다. '라하츠'는 정치적 의미를 지니고, '아쇽'은 경제적 의미를 지닌다. 물론 이집트의 억압은 성격상 경제적 억압이기도 하다. 그리고 [기원전] 8세기 이스라엘과 유다에서는 가난한 이들에 대한 억압이 군주정에 의해 유지되었다. 아모스는 '저택'과 '궁궐'을 모두 비난한다. 하지만 그 주된 경험은 이집트의 전제정치, 아모스 당대의 탈취와 착취에 관한 것이었다. 새로운 속박은 상업에서 유래했다 — 고리대금, 부채, 채무 불이행, 몰수. 이런 배경은 국가보다는 시장에 훨씬 더 가까웠다. 아모스는 각별히 탐욕스러운 상인을 향해 이렇게 말했다.

> 빈곤한 이를 짓밟고
> 이 땅의 가난한 이를 망하게 하는 자들아
> 이 말을 들어라!
> 너희는 말한다.
> "언제면 초하룻날이 지나서 곡식을 내다 팔지?
> 언제면 안식일이 지나서 밀을 내놓지?
> 에파는 작게, 세켈은 크게 하고
> 가짜 저울로 속이자.

힘없는 자를 돈으로 사들이고
빈곤한 자를 신 한 켤레 값으로 사들이자.
지스러기 밀도 내다 팔자."(「아모스서」 8장 4-6절)

이 연설은 두 가지를 겨냥한다: [첫째] 이것은 이스라엘의 탐욕스러운 상인들을 겨냥한다. 그들은 사업거래가 금지된 기간, 즉 이스라엘의 신성한 축일기간이 끝나기도 전에 그것을 못 기다리고 강탈하고 속이는 장사를 다시 시작한다. [둘째] 아모스는 어려운 질문을 꺼낸다. 탐욕과 억압을 단지 임시적이고 간간이 제약하는 종교는 도대체 어떤 종교란 말인가? 숭배가 사람들의 마음을 선으로 이끌지 않는다면 숭배의 특성이 무엇이란 말인가? 예언자가 기술했듯이, 가난하고 곤궁한 자를 억압하는 이들은 까다로울 정도로 '정통적'이다. 그들은 신월제와 안식일을 지키고, 종교 집회에 참석하고, 희사의 의무를 지키며, 사제의 의식을 따르는 성가대에 참여한다. 하지만 이 모든 행위들은 계약된 규범을 따르는 평소의 행실이 되지 않으면 단지 위선에 그친다. 의례를 따르기만 하는 것은 신이 이스라엘에게 요구한 바가 아니다. 신의 진정한 요구를 가리키면서, 아모스는 「탈출기」 시절의 기억을 불러일으킨다. "이스라엘 집안아, 너희가 광야에서 지낸 사십 년 동안 나에게 희생 제불과 곡식 제물을 바친 적이 있느냐?"(「아모스서」 5장 25절) 우리가 알고 있는 「탈출기」 이야기를 보면, 그들은 그랬다[광야 시기 동안 신께 제물을 바쳤다]. 아마도 아모스는 다른 대안적 전통을 살펴보았던 것 같다.[21] 하지만 어떤 경우든 간에 희생 제물 봉헌의 관행은 해방의 경험으로

---

21) McKeating, *Amos, Hosea, Micah*, p.47.

부터 배울 수 있는 것이 아니다. 더 나아가, 계속 억압이 지속된다면, 어떤 것도 배울 만한 것이 없고 다만 동물만 많이 희생될 것이다.

이것이 사회비판의 표준적 형태이다. 그리고 후대의 비판가들이 그 당시 예언자들의 분노에 찬 시에 거의 도달하지 못한다 해도, 우리는 그들의 작품 속에서 그 예언자들과 똑같은 지적 구조를 볼 수 있다. 그 지적 구조란, 공식적으로 선언된 것과 존경받는 의견이 결국 위선이었음을 식별하는 것, 사실상 이뤄지고 있는 행동과 제도들에 대한 공격, 중심 가치(위선이 늘 단서가 되는 곳)에 대한 탐구, 그 중심 가치를 따라 일상생활을 하라는 요구를 말한다. 비판가는 혐오로 시작해서 긍정으로 끝난다.

> 나는 너희의 축제들을 싫어한다. 배척한다.
> 너희의 그 거룩한 집회를 반길 수 없다.
> 너희가 나에게
> 번제물과 곡식 제물을 바친다 하여도 받지 않고…
> 너희의 시끄러운 노래를 내 앞에서 집어치워라.
> 너희의 수금 소리도 나는 듣지 못하겠다.
> 다만 공정을 물처럼 흐르게 하고
> 정의를 강물처럼 흐르게 하여라(「아모스서」 5장 21-24절).

의례의 유일한 목적은 사람들에게 그들의 도덕적 헌신을 상기시키는 것이다. 그것은 신의 법과 광야에서의 계약을 말한다. 만약 그 목적이 받들어지지 않는다면, 의례는 쓸모가 없다. 쓸모없는 정도가 아니다. 왜냐하면 그 의례들은 부유하고 탐욕스러운 이스라엘인들 사이에서 잘못된 안도감을 주기 때문이다. 그 안도

감은 그들이 마치 신의 분노로부터 안전한 상태에 있는 것인 양 느끼게 해준다. 아모스가 전하던 메시지의 많은 부분을 차지하는 멸망에 대한 예언은 그런 안도감을 쫓아내기 위해, 그리고 관습적인 신심에 대한 과신을 흩뜨리기 위해 구성되어 있다. "불행하여라. 시온에서 걱정 없이 사는 자들."(「아모스서」 6장 1절) 하지만 '불행'이나 '증오'는 아모스가 전하는 주장의 핵심 내용을 구성하지 않는다. 그 핵심 내용은 '공정'과 '정의'이다.

하지만 예언자는 공정과 정의가 이스라엘 전통의 핵심 가치라는 것을 어떻게 아는가? 성지 순례나 희사, 찬가와 엄숙함은 왜 핵심 가치가 아닌가? 의례상의 화려함이나 신의 사제에 대한 순종은 왜 핵심 가치가 아닌가? 아마도 아마츠야가 베텔에서 했던 자신의 활동을 적극적으로 변호했다면, 그는 우리에게 이스라엘적 가치의 또 다른 모습을 제시했을 것이다. 그랬을 경우, 아마츠야와 아모스 사이의 논쟁은 어떤 식으로 종결되었을까? 사제와 예언자 양자 모두 문헌들을 인용할 수 있었으며 — 결코 문헌이 부족하지 않았다 — 그리고 양자 모두 회당에 모인 군중들 중에 지지자를 찾아볼 수 있었을 것이다. 나는 이런 종류의 불일치가 사실상 종결되지 않는다고, 적어도 명확하게 종결되지는 않는다고 주장해 왔다. 그리고 그런 불일치는 신이 친히 개입한다고 해도 종결되지 않을 것이다. 왜냐하면 신이 제시할 수 있는 모든 것은 또 다른 문헌이며, 이것은 이전의 것처럼 똑같이 해석에 직면하기 때문이다. "이것은 하늘에 있지도 않다." 하지만 우리는 논증을 따라가다 보면, 좋은 논증과 나쁜 논증, 강한 해석과 약한 해석들을 알아볼 수 있다. 이렇게 볼 때 아마츠야가 적극적으로 주장하지 않았다는 점은 매우 의미심장하다. 그의 침묵은 아모스가 이스라엘 종교에 대해 설득력 있는 입장을 내놓은 것에 대한 일종의 수긍이다. 또한 그린버그가 말했듯이, 아모스가 사람들의 마음속에서 지지를 받고 있다는 것에 대한 수긍이다. 그 점이 [그 논쟁의] 불일치를 끝내지는 않는다. [즉, 그 점이 아모스와 아마츠야 간의 일치를 만들지는 않는다. 이 둘 간의 일치가 만들어지지 않았다는 점은] 아마츠야가 베텔에서 사제직을 지속하는 동안 아모스 예언자는 베텔을 강제로 떠나야 한 것으로 보였기 때문만은 아니다. 동료들을 정의롭게 대우함으로써 신을 받드는 것보다 신에 대한 까다로운 경배를 통해 신을 더 잘 받들 수 있다는 주장도, 암묵적으로 이뤄지기는 하지만, 지속적인 호소력을 갖는다. 경배는 정의보다 더 쉽기 때문이다. 하지만 아모스는 일종의 승리를 했고, 그것은 쓰일 수 있는 유일한 형태의 승리였다. 그는 강력하고 설득력 있는 방식으로 청중들이 가지고 있는 핵심 가치들을 불러일으켰다. 그는 이스라엘의 가난한 이들이 이집트 치하의 이스라엘 노예와 다를 바 없다고 지적했고, 그렇게 해서 정의는 일차적인 종교적 의무가 된다. 그렇지 않다면, 신은 왜 속박의 집으로부터 인민들, 이 인민들을 꺼내 오셨단 말인가?

아모스의 예언은 사회비판이다. 왜냐하면 그 예언은 특정한 사회의 지도자, 관습, 의례 관행들을 공격하기 때문이며, 그것은 바로 그 사회에서 인정되고 공유된 가치의 이름으로 행해지기 때문이다.22) 나는 이미 이런 식의 예언을 니네베의 요나가 제시한

---

22) 레이몬드 게스(Raymond Geuss)가 선호하는 형태의(유일한 형태는 아니지만) 비판이론을 참조하라: "하나의 비판이론은 바로 이 특정 사회 집단의 성원들에게[만] 제시된다. … 그 이론은 **그들의** 인식론적 원리를

식의 예언과 구분했다. 요나는 사회적 가치에 전혀 호소하지 않는 단순한 전달자이다. 비록 그가 일종의 국제법과 같은 최소적 규범(그가 그것을 직접적으로 말하지는 않았다)에 호소했을지는 몰라도 말이다. 그는 대안적 교리를 가지고 온 선교사가 아니다. 그는 니네베 사람들을 이스라엘 종교로 개종시키려 하지 않았으며, 시나이에서 맺은 계약을 그들에게 전달해 준 것도 아니다. 그는 단지 최소적 규범을 제시했을 뿐이다. (그리고 그 최소적 규범의 작자인 신은 이스라엘인들에 대해서는 특정한 역사 속에 관련하였지만, 니네베 사람들에 대해서는 그럴 수 없었다.) 우리는 요나를 최소주의적 비판가로 간주할 수 있다. 우리는 그가 니네베의 삶에 대해 어떤 변화를 요구했는지 모른다. 하지만 아마도 아모스가 이스라엘에게 요구했던 것만큼의 광범한 변화는 아니다.

두 경우의 차이는 아모스의 멤버십에서 비롯한다. 그의 비판은 요나의 비판보다 더 깊이 있다. 왜냐하면 그는 그가 비판하는 사람들이 지닌 근본적인 가치들을 알고 있기 때문이다. (혹은, 그는 그들이 가지고 있는 가치들 중 어느 것이 근본적이어야 하는지에 관한 그럴 듯한 이야기를 그들에게 들려주기 때문이다.) 그리고 그도 역시 그들의 일원으로 인정되기 때문에, 그는 그들의 '참된' 길로 돌아갈 것을 그들에게 요청할 수 있다. 그는 그들이

기술하고 '가치 있는 삶'에 대한 그들의 이념을 기술한다. 그리고 그들이 지닌 어떤 믿음이, 나름의 인식론적 원리를 가진 [다른 집단의] 어떤 행위자들에게는 반성적으로 받아들여질 만한 것이 아니며, [오히려] 바로 이 특정한 '가치 있는 삶'을 살아보려 애쓰는 [다른 집단의] 행위자들을 좌절하게 만드는 요인이 된다는 점을 비판이론은 입증한다." *Idea of a Critical Theory*, p.63.

여전히 그 사회의 동료 성원들로 똑같이 남아 있으면서 수행할 수 있는 개혁을 제시한다. 우리는 물론 아모스를 다른 식으로 읽을 수 있다. 어떤 해석에 따르면, 멸망에 대한 예언은 매우 강력하고 엄한 것이어서 참회와 개혁을 옹호하는 어떤 주장도 압도한다. 그런 경우에는 정의에 대한 호소, 종국에 위로를 주시리라는 신의 약속이 설득력 없는 것으로 보인다― 마치 그런 것들(많은 주석가들이 믿듯이, 그 약속들 중 최소한의 어떤 부분)이 [신이 아닌] 다른 존재로부터 온 것처럼 말이다.23) 하지만 '요셉 집안의 고통'에 대한 깊은 관심과, 이스라엘을 이스라엘답게 만드는 강력한 연대감, 계약에 대한 헌신이 「아모스서」전체에 활력을 주는 정념임이 분명하다. 아모스가 비판가인 이유는 그의 분노 때문만이 아니라, 그의 관심 때문이기도 하다. 그는 이스라엘에 대한 새로운 억압, 혹은 가난하고 곤궁한 이스라엘인들에 대한 새로운 억압을 종결시킬 내적 개혁을 추구한다. 이것은 그가 「신명기」적 명령, 즉 "너희는 악이 아니라 선을 찾아라. 그래야 살리라"(「아모스서」5장 15절; 참조: 「신명기」30장 15-20절)를 되풀이 말할 때(혹은 예견할 때) 염두에 두었던 사회적 의미이다.

아모스는 이스라엘이 아닌 다른 나라들에 대해서도 예언한다. 이 때, 그는 요나처럼 외부로부터 온 비판가이며, 그는 자신의 말을 대외적 행위, 모종의 국제법의 위반에만 국한시킨다. 그렇다고 해서, 나는 신이 부여한 이스라엘의 계약이 전혀 일반적인

---

23) May, *Amos*, pp.164-165. Cf. McKeating, *Amos, Hosea, Micah*, pp. 69-70.

타당성을 갖고 있지 않다고 말하려는 것은 아니다. 분명히 우리는 그 내용으로부터 보편 규칙을 추상해 낼 수 있을 것이다 — 무엇보다도, 다음과 같은 한 가지 보편 규칙을 말이다: 가난한 자를 억압하지 말라. (왜냐하면 베버가 말하기를, 억압은 이스라엘 예언자들의 눈에는 "현저하게 드러나는 악"이기 때문이다.)24) 그리고 우리는 시리아인, 필리스틴인, 모압인들의 억압을 판단하고 비난할 수 있을 것이다. 예언자들이 이스라엘의 억압을 판단하고 비난했던 것과 똑같은 방식으로 그들의 탐욕적인 성원들을 비난할 수 있을 것이다. 하지만 사실상 똑같은 방식으로 하는 것이 아니다. 같은 말과 이미지, 참조를 갖고 하는 것이 아니다. 같은 관행과 같은 종교 원칙과 관련해서 하는 것이 아니다. 왜냐하면 아모스와 같은 예언자의 힘은 억압의 의미를 말하는 능력에서 나오며, 그 의미가 이 시공간에서 경험되는 방식을 말해 주는 능력에서 나오며, 그것이 공유된 사회적 삶의 다른 특징들과 연결되는 방식을 설명하는 능력에서 나오기 때문이다. 가령, 그의 가장 중요한 주장들 중 하나는 억압과 종교적 준수에 관련한다. 가난한 이들을 짓밟으면서도 안식일을 지키는 것이 충분히 가능하다. 이로부터 아모스는 억압을 금지하는 법이 안식일 법에 우선해야 한다고 결론 내린다. 그 위계는 명시적이다. 그것으로 인해 그 예언자의 말을 듣는 청중들은 안식일이 "너의 남종과 여종이 너와 똑같이 쉬게"(「신명기」 5장 14절) 만들어졌다는 점을 기억하기에 이른다. 예언이 이런 기억을 일으키지 못한다면 생명력과 효과가 거의 없다. 그렇게 되면 우리는 예언이 학구적 연습

---

24) *Ancient Judaism*, p.281.

이라고 생각하게 될 수도 있다. 이방 나라에 있었다면, 아모스는 가자에 있었던 삼손과 비슷했을 것이다. 눈이 없는 삼손이 아니라 혀가 없는 삼손 말이다. 그는 정말로 억압을 보았겠지만 그 나라 사람들의 마음에 와 닿게 그것을 명명하거나 말할 수 없었을 것이다.

물론, 다른 나라에서 이스라엘 예언자들에 관해 읽고 존경하고 그 예언을 그들의 모국어로 번역할 수 있다. (그 의미에 관해 주석을 달면서 말이다.) 그리고 그 예언자가 비난한 관행과 유사한 것을 자기 사회 안에서 찾을 수 있다. 그런 독해와 존경이 실제로 어느 정도까지 이뤄지는지 나는 잘 모르겠다. 이렇게 실제로 이뤄지는 정도는 분명, 가능한 정도와는 일치하지 않으며, 그것은 중요한 어떤 의미에 있어 이스라엘 역사와 연결되는 역사를 지닌 나라에만 국한되어 있는 것이 당연할 것이다. 하지만 원리적으로, 그것은 그것보다 더 확장할 수 있을 것이다. 그렇게 된다면 이것은 무엇을 의미하겠는가? 먼 곳의 독자가 그 예언자로부터 추상적인 규칙체계 혹은 가난한 이를 억압하지 말라는 하나의 규칙을 배울 것 같지 않다. 억압이 무엇인지를 그들이 안다면(그들이 아쇽('ashok)이라는 히브리말을 번역할 수 있다면), 그들은 이미 그것을 그 정도만큼 알고 있을 것이다. 그 규칙은 비록 다른 전거에서 나오고 다르게 적용될 수도 있지만, 그들에게 친숙할 것이다. 더 나아가 먼 곳의 독자들은 예언 활동을 모방하려는 마음을 갖게 될 것이다. (혹은 새로운 방식으로 그들 나름의 예언자가 하는 말을 경청하려는 마음을 갖게 될 것이다.) 반복될 것은 그 메시지가 아니라 그 활동이다. 독자들은 사회비판가가 되길 배울 수도 있다. 하지만 비판은 그들 자신의 활동일 것이다. 그 활동이 똑같아도 메시지는 달라야 할 것이다. 그렇지 않다면 그 활동은 예언(그리고 사회비판)에 필요한 역사적 전거와 도덕적 세부성을 결여할 것이다.

이 점은 아모스가 여러 나라들에 맞서서 전했던 예언들과 관련해서는 다른 상황을 만든다. 이 때 반복되는 것은 정확히 그 메시지, 즉 최소적 규범이다. 조약을 어기지 말라, 무고한 부녀자와 아동을 살해하지 말라, 민족 전체를 강제로 유배시키지 말라. 많은 면에서 승인받은 이 규칙들은 아모스 시대의 '국제'법('international' law)과 그다지 다르지 않은, 국가들의 법(a law of nations)에 구현된다. 하지만 이런 예언적 언급은 쉽게 잊힌다. 왜냐하면 그 언급은 그 법에 대한 단순한 확언일 뿐이지 해석이나 정교화가 아니기 때문이다. 아모스가 간단한 설명을 내놓기는 했지만, 참조와 세부성은 사실상 불필요하다. 이제, 이런 두 종류의 규칙들, 즉 폭력금지 규칙과 억압금지 규칙 간에 필요한 구분이 그어질 수 있을까? 두 종류 모두 똑같은 언어 형식을 지닌다. 그들 각각은 서로를 향해 확장하며, 그것들 간에 상당한 중첩이 늘 존재할 것이다. 최소적 규범은 좀 더 내용적인 사회 가치들의 발달에 관련되며, 아마도 그 발달에 있어 어떤 역할을 할 것이다. 그리고 그 규범 자체는 그 가치들이 발달하는 방식에 의존하는 어떤 특정한 형태를 띤다. 하지만 그 두 종류의 규칙들은 똑같지는 않다. 폭력금지 규칙은 국내 관계에서 뿐 아니라 국제 관계의 경험으로부터 발생한다. 억압금지 규칙은 국내 관계에서만 발생한다. 첫 번째 규칙은 시민들뿐 아니라 외국인을 포함하는 모든 인간들에 대한 우리의 접촉을 규제한다. 두 번째 규칙은 단지 우리의 공동생활만을 규제한다. 첫 번째 규칙은 형태와 적용에 있어 전형화되어 있다. 그것은 표준적 경험(그 중 가장 눈에 띄는 예는 전쟁이다.)의 좁은 영역에 기초한 표준적인 기대치를 배경으로 하여 수립된다. 두 번째 규칙은 복잡한 형태와 다양한 적용을 가진다. 그것은 유구하고 두터운 사회적 역사에 뿌리 내린 복합적이고 상충하는 기대치들을 배경으로 수립되어 있다. 첫 번째 규칙은 보편성을 향해 있고, 두 번째 규칙은 특수성을 향해 있다.

이 때, 예언자들이 했던 보편주의적 메시지를 가지고 그들을 칭송하는 것은 잘못이다. 왜냐하면 그들에게 있어 가장 존경할 만한 것은 그들이 했던 특수주의적 투쟁이기 때문이다. 그들이 우리에게 말하길, 이 투쟁은 이스라엘의 어린이들과 함께한, 신의 투쟁이기도 하다. 이 때 그들은 그들의 분노와 시적 천재성을 쏟아 붓는다. "당신만이 나로 하여금 이 땅의 모든 가족들을 알게 하였습니다"라고 아모스가 신에게 바쳤던 구절은 그의 진심에서 나올 수 있었을 것이다. 그는 하나의 나라, 하나의 역사를 알고 있다. 그리고 그의 비판을 그토록 풍부하고 근본적이고 구체적으로 만든 것은 그 나라와 역사에 대한 지식이다. 다시 우리는 규칙들을 추상해 내어 다른 나라에 적용할 수 있지만 그것은 아모스가 활용했던 '쓰임새'가 아니다. 그가 활용한 것은 적용이 아니라 반복이다. 각 나라는 자신의 예언자를 가질 수 있다. 각 나라가 그들만의 역사, 해방, 신과 함께 하는 투쟁을 갖는 것처럼.

내가 이스라엘을 이집트 땅에서 데리고 올라왔듯이,
필리스티아인들도 캅토르에서,
아람도 키르에서 데리고 올라오지 않았느냐?(「아모스서」 9장 7절)

공동체주의자는 공동체에 대한 근본적 비판가일 수 있는가?

[역자 해설]

공동체주의자는 공동체에 대한
근본적 비판가일 수 있는가?

0. 공동체주의와 왈쩌

마이클 왈쩌는 대표적인 현대 공동체주의 정치철학자 중 한 사람으로 널리 알려져 있다. 매킨타이어, 테일러, 샌들과 더불어 현대 서구의 자유주의적 지적 풍토와 정치철학에 새로운 문제의식을 불러일으킨 철학자로 손꼽힌다. 그는 자유주의 정치철학을 집대성한 롤즈의 『정의론』을 비판하며, 1983년 『정의와 다원적 평등(*Spheres of Justice*)』을 통해 공동체주의적 분배정의관의 성립 가능성을 과감히 제시하였다. 이후 그는 자유주의와 대립을 이루는 정치사상으로서의 공동체주의의 간판을 내건 철학자로 알려졌다. 하지만 나는 그가 가진 정치사상의 통찰력 있는 착안점들이 이런 공동체주의라는 간판 때문에 오히려 퇴색해 버릴까 염려된다.

그는 물론 공동체주의 철학자에 속한다. 공동체주의적 사상가들과 주된 입장을 같이하고 있기 때문이다. 일단, 그는 다음과 같은 점에서 공동체주의적 입장을 공유하고 있다. 그는 모든 사회(공동체)를 아우르는 보편주의적 정의관의 우선성을 부정한다. 대신 그는 각 사회(공동체)에는 각 사회마다 가치를 규정하는 나름의 방식이 있고, 그것에 맞는 정의관이 있다는 점을 강조한다. 다른 공동체주의자들과 마찬가지로 그 역시, 그런 각 사회 나름의 정의관을 재단하고 판단할 외부의, 제3의, 메타적인, 보편적인 정의관이 우선적인 것이라는 생각은 순진한 유토피아 사상일 뿐이라고 생각한다. 또 다른 대표적인 공동체주의자 마이클 샌들은 이런 공동체주의의 핵심 공통 입론을 '옳음에 대한 좋음의 우선성'으로 요약한다. 찰스 테일러 역시 자유주의적 입론인 롤즈의 '좋음에 대한 옳음의 우선성' 입론을 강력하게 공격한 바 있으며, 매킨타이어는 말할 것도 없다.

이제 왈쩌는 영락없이 공동체주의자인 것일까? 1980년대에서 1990년대까지 정치철학계를 휩쓸었던 자유주의-공동체주의 논쟁에서 어느 정도 굵은 가닥으로 모아진 공동체주의에 대한 비판은 공동체주의가 함축하는 보수주의와 상대주의에 대한 것이었다. 보수주의적 함축을 지적하는 공격에 따르면, 공동체주의는 모든 가치를 특정 사회나 공동체 안에 내재한 것들에서 끌어오기 때문에 그 사회나 공동체에 대한 근본적인 비판을 할 수 없으며 그 사회는 기존 체제에 순응적이 된다는 것이다. 상대주의적 함축을 지적하는 공격에 따르면, 공동체주의적 비판은 보편적인 정의에 호소하지 않기 때문에 가치들 간의 갈등의 해소에 도움이 안 되고 도덕적 정당성과 권위를 갖기 힘들다는 것이다. 왈쩌의 공동체주의 역시 그 공격을 피할 수 없었다. 이것은 왈쩌뿐만 아니라, 매킨타이어, 테일러, 샌들에게 모두 겨냥되는 공격이었고, 이것은 그들에게 치명적이었다. 하지만 왈쩌가 그들과는 다른 왈쩌 본연의 문제의식을 드러낸 것은 오히려 이 과정을 통해서였다.

왈쩌는 공동체주의 정치철학에 있어 가장 부족하다고 공격받는 '비판의 가능성' 문제를 오히려 자유주의 철학자들보다 더 본격적으로 논의하기에 이른다. 특정 사회(공동체) 안에 내재한 가치를 강조한 정치철학에서 어떻게 비판의 정당성이 확보되는지, 그 비판의 동학을 제시한 공동체주의 철학자로 왈쩌가 단연 부각되기에 이른다. 그는 1987년에 이 책(『해석과 사회비판』)을 통해 사회비판의 이론적 토대와 그 실천적 구현의 측면을 밝혀내고, 이를 고대 이스라엘의 모습을 담고 있는 성경 속의 예언자들의 활동을 통해 예증하고 있다. 이어서 그는 1988년에 『비판가 집단: 20세기의 사회비판과 정치적 투신(The Company of Critics: Social Criticism and Political Commitment in the Twentieth Century)』을 통해 『해석과 사회비판』의 현대적 예시를 보여주었고, 1994년에 『두터운 도덕과 얇은 도덕: 내부적 도덕논증과 외부적 도덕논증(Thick and Thin: Moral Argument at home and abroad)』을 통해 도덕적 최대주의와 최소주의의 관계를 좀 더 본격적으로 제시하여 그의 정치철학의 근간에 있는 도덕적 시각을 확실히 하고, 비판의 가능성에 대한 도덕적, 철학적 토대를 제공하였다.

그가 다른 공동체주의자들과 차별화되는 이유는 단순히 이렇게 본격적으로 '비판'을 논의하는 저서를 많이 내놓았다는 것에 있지 않다. 매킨타이어, 테일러, 샌들이 보수성에 대한 혐의를 받는 것은 비단 공동체주의라는 입장 자체(보편적 가치보다 우선하여 공동체적 가치를 강조함)가 지닌 형식적 한계 때문만은 아니다. 그들이 대안으로 내세우는 인간적 가치에 대한 해석은 현대의 자유주의적 풍토와는 어울리기 힘든 선대 철학자들의 이념에 바탕한 것이다. 매킨타이어는 아리스토텔레스와 토마스 아퀴나스적 전통을 따라 '덕'을 중심으로 한 인간적 도덕성의 회복을 주창하고, 테일러는 헤겔의 자유와 자아실현 개념에 기대어 현대의 '선택의 자유'를 비판한다. 샌들은 미국 공화주의 전통에서 숭앙되었던 공화주의적 시민적 덕 개념에 호소한다. 그들은 대안적 가치를 제시하기 위해 또 다른 실질적인 덕을 내세우고 그런 가치하에 서구사회가 개편될 것을 요구하고 있다. 하지만 왈쩌는 사회가 어떤 식으로 자기 나름의 가치를 찾아낼 것인지에 대해 논의할 뿐이지 실질적인 가치를 우리 앞에 제시하지 않는다. 그런 의미에서, 그는 교설을 내세우는 철학자라기보다 현실적 논쟁 과정에 관심 있는 민주주의자로 보인다. 매킨타이어나 테일러가 공동체적 가치를 강조하면서 한편으로는 특정한 철학적 가치를 발굴하여 제시한 반면, 왈쩌는 '덕'에 대해서, '자아실현'에 대해서 강조하지 않는다. 그보다 그는 사회가 가치를 생산해 내는 메커니즘과 그것을 둘러싸고 여전히 진행되고 있는 해석들의 경합 양상에 주목한다. 그리고 그런 해석들의 경합장인 민주주의적 공간의 성격을 파헤친다.[1]

그는 선대 철학자의 이념에 호소하지 않고서, 지금 자신이 처

---

1) 이를 위해서는 최근 발간된 다음 책을 찾아보는 것이 좋다. Michael Walzer, *Politics and Passion: Toward a More Egalitarian Liberalism* (Yale University Press, 2004).

한 사회(현대 서구사회)가 보유하고 있는 풍토를 해석한다. 그리고 그 풍토가 지닌 한계를 그 사회의 가치(자유와 평등)를 기준으로 비판하고, 자유와 평등에 대한 좀 더 낫다고 스스로 생각하는 해석안을 내놓는다. 그는 또 하나의 철학 교리를 내놓는 것이 아니라, 민주적 가치의 정치적인 해석안을 내놓는다.

이렇게 볼 때, 그의 공동체주의는 대안적 가치를 제공하는 데에 있어 복고성, 보수성을 담고 있지 않으며, 현대적 가치에 오히려 충실하다고 볼 수 있다. 하지만 그는 공동체주의가 공통적으로 노출하고 있는 문제, 즉 공동체주의라는 것 자체에서 함축되는 문제에 대해서도 나머지 공동체주의자들과 달리 성공적으로 대응할 수 있을까? 그는 공동체주의 자체에 내재된 문제(보편적 가치에 대한 공동체적 가치의 우선성)에서 함축되는 보수성에 대해서는 이 책을 통하여 스스로에게 끈질긴 문제제기를 하면서 대답하고 있다. 그는 과연 그런 끈질긴 문제제기에 성공적으로 대답하고 있을까? 이제 그의 이 책을 파헤쳐보도록 하자.

1. 발견, 창안의 방법에서 해석의 방법으로

해석의 방법은 보수주의적 철학자들이 사용하는 사회철학의 방법이라는 혐의를 받아 왔다. 현대 독일철학의 전통에서는 가다머와 하버마스의 해석학 논쟁이 유명하다. 이 논쟁에서 가다머는 해석의 방법으로 사회적 가치를 찾아내고 전통적 전거들을 잘 살필 것을 주장하였고, 하버마스는 그런 방법이 지닌 보수적 함축을 지적하였다. 해석적 방법은 왜 보수적 함축이라는 혐의를 받는 것일까? 해석은 기존의 것들에 대한 해석일 수밖에 없기 때문이다. 어떤 것을 비판하기 위해서는 그 비판의 주체가 비판 대상을 떠난 다른 어떤 지점에 놓여 있어야 한다고 믿는 사람들로서는 기존의 가치와 전통을 전거로 삼아 사회를 바라보는 해석적 방법은 기존 사회의 한계를 뛰어넘어 '객관적'으로 바라보고 비판할 수 없다고 생각한다. 이 때 왈쩌는 제1장에서 세 가지 도덕철학적 방법들을 차례로 고찰하면서, 해석적 방법보다 우월한 입지를 지녔다고 주장되는 '발견'과 '창안'의 방법이 그렇게 이론적으로 우월하지도 않으며, 오히려 현실적 적용의 어려움이라는 문제를 지닌다고 지적한다.

왈쩌는 먼저 발견의 방법을 고찰하면서 종교적인 신적 계시를 그 대표적인 예로 든다. 그것은 신의 명령대로 살지 못하는 현실에 대해 날카로운 대립을 일으키며 비판의 정당성을 얻는다. 비판적 힘으로 치자면, 가장 강력한 방법일 것이다. 이런 신적 계시를 흉내 낸 철학적 형태가 바로 '무특정 관점'에 서서 세계를 보라고 주장하는 네이글의 이론이다. 왈쩌는 네이글을 주된 예로 들었지만, 사실 객관적인 도덕적 세계, 도덕적 실재를 발견했다고 주장하는 많은 도덕 이론가들을 모두 이 '발견'의 방법에 포함시키고 있다. 이런 도덕 이론가들은 종교적 계시에 의거해 도덕의 토대 놓기를 포기한 현대철학에 있어 영향력이 크지만, 왈쩌가 보기에 이것은 종교적 계시가 지니는 날카로움과 선명함도 떨어지면서 '초연함', '객관성'만을 운운할 뿐이다. 물론, 그들이 말하는 '물러서기'의 방법을 왈쩌가 부정하는 것은 아니다. 왈쩌는 '무특정한 관점'으로의 '물러서기'가 가능하다는 생각을 부정하는 것이다. 왈쩌가 보기에 그런 지점은 존재하지 않는다. 우리는 "여기에 이미 존재하고 있지 않은 어떤 것을 발견할 수는 없을 것이다." 발견의 방법은, 공리주의가 그랬듯, 사람들에게 낯설고 불편한 결과를 낳으며, "매력적이라기보다 난데없이 갑작스럽다."

　무특정 관점에 기대어 도덕을 논하고 싶은 사람들은 이런 발견의 방법이 아닌 또 다른 방법에도 눈을 돌린다. 이것은 바로 '창안'의 방법이다. 왈쩌에 따르면, 이것은 신의 계시에 대한 발견이라기보다 신의 창조를 흉내 낸 것이다. 왈쩌는 창안을 두 종류로 나누어 생각하는데, 하나는 강한 의미의 창안으로서, 철학자들이 고안한 정당한 절차에 따라 새로운 의미의 도덕적 세계를 구성해 내는 작업이다. 하지만 이 방식은 여러 문화권에서 온 사람들 간의 임시적인 삶의 방편으로 편리하게 쓰일 수 있을지는 몰라도, 그들의 영구적인 도덕으로는 쓰일 수 없다. 그것은 잠시 여러 사람들이 편리하게 거쳐 가는 '호텔방'에 불과한 것이다. 두 번째 종류의 창안은 약한 의미의 창안으로서, 첫 번째 종류만큼 새로운 도덕적 세계를 만들지는 않는다. 사회가 가지고 있는 기본적인 가치들에 대한 우리의 상식을 정의관의 토대로 삼는다. 철학자들은 '도덕적 현실을 이념형 안에 전환시키는 일'을 한다. 왈쩌가 보기에, 롤즈의 정의론은 이런 종류의 창안에 가깝다. 롤즈의 원초적 입장의 당사자들은 자신들이 지닌 특정한 이해관심 관련 지식만 무지의 베일로 가릴 뿐이지, 사회가 가진 전반적인 가치에 대한 이해는 가리지 않는다. 두 번째 종류의 창안은 특정한 사회의 문화에 내재한 가치들을 재료로 삼는다. 왈쩌는 이 방식에 대해서는 이렇다 할 문제 지적을 하지 않는다. 아마도 이 방식이 해석적 방식과 거의 유사하다고 생각하는 것으로 보인다.

두 번째 종류의 창안이 해석적 방법과 유사한 것으로 드러났다는 점은 왈쩌의 해석적 방법이 도덕에 대한 좀 더 좋은 설명이라는 것을 말해 준다. 왈쩌는 도덕의 다른 두 방법들이 결국 해석적 방법에 환원된다는 강한 주장까지 나아가지는 않지만 해석적 방법이 도덕에 대한 가장 나은 설명방식이라는 점을 주장한다. 도덕적 방법들이 아무리 이 세상과 동떨어진 초연한 입장을 구성하는 작업인 양 보여도, 사실은 도덕적 현실 속에서 특정한 입지를 점하며 이뤄지고 있다는 것이 바로 해석적 방법을 지지하는 사람들의 생각이다. "우리는 우리가 제공한다고 생각했던 것들을 이미 갖고 있기 때문에, 발견이나 창안은 필수적이지 않다." 하지만 발견이나 창안은 객관성과 보편성을 그 나름의 무기로 삼고 이론적 이점을 얻으려 한다. 왈쩌가 보기에 안타깝게도 이것은 성공적인 기획이 되지 못한다. 객관적이고 보편적인 것을 이점으로 삼아 발견과 창안이라는 허구적인 방법을 내세웠는데, 사실 정작 철학자들의 발견과 창안들 간의 논쟁은 종결은 안 되고 있으며, 하나가 거의 모든 이에게 수용되는 순간이 와도 곧이어 그것의 의미에 대한 논쟁이 끝없이 되풀이된다. 결국 그 방법들의 운명은 해석적 작업에 맡겨진다. 이렇게 왈쩌에게 있어 해석적 방법은 발견이나 창안이라는 방법보다 이론적으로 우위를 점하게 된다. 또한 해석적 방법은 발견이나 창안보다도 현실에 더 잘 적용된다. 철학자들의 '난데없는' 발견과 창안물들은 사람들에게 잘 와 닿지 않는다. 그것들은 사람들의 삶 속으로 토착화되지 못하며, 그들의 삶을 변화시키기 힘들다. 임시적으로 '살기 위한 방식'이 될 수 있을지는 몰라도, 그들의 영구적이고 안정적인 '삶의 방식'이 되지는 못한다.

해석적 방법은 왈쩌에 의해 일단 이렇게 이론적, 실천적으로 우위를 점하였다. 하지만 공동체주의에 늘 따르는 문제제기, 즉 현 상황(status quo)에 고착된 보수성에 대한 공격에 대해 해석적 방법은 어떤 대응을 할 수 있을까?

그는 이에 대한 대답을 하기 위해, 오크숏(Michael Oakeshott) 의 입장과 자신의 입장을 대조한다. 오크숏도 하나의 해석적 기획을 하고 있지만 왈쩌가 보기에 그것은 사회에 여기저기 널려 있는 '암묵적 지식들(intimations)'만을 추구하는 것에 문제가 있다. 왈쩌가 말하는 해석적 방법은 오크숏이 말하는 식의 '논증이 아닌 대화'만으로 이뤄져 있지 않다. 이론적으로 어떤 개념이 더 보편성, 객관성을 띤다고 증명할 수는 없지만, 그렇다고 해서 우리는 논증을 포기하고 대화만 할 수 있는 것은 아니다. 왜냐하면 논증이 필요한 지점이 있기 때문이다. 논증은 모순을 찾아내는 역할을 한다. 모순은 이론들 간, 개념들 간에만 있는 것이 아니라 이론과 실행 사이에도 있다. 이에 왈쩌의 해석적 방법은 이런 모순을 포착하고 그것에 대한 논증을 구성할 가능성을 잡아낸다.[2] 여기서 해석적 방법은 사회 개혁을 움트게 하는 동력을 지니게 된다. 왈쩌의 해석적 방법은 또한 여러 해석들의 경합의 과정을 포함하고 있다. 사회의 가치들은 기존의 모습대로 유지되지 않는다. 그 기존의 모습이 정당하다는 평가도 영원히 가지 않는다. 왈쩌의 해석적 방법에 따르면, 사회의 가치는 보수주의에 대한 우려를 하는 사람들의 생각처럼, 단순히 '기술'되지 않는다. 그것은 "독해되고, 간주되고, 해석되고, 주석이 달리고 명료화된

---

2) 이것은 비판 활동의 동학을 논하는 제2장의 핵심 주장에 연결된다.

다." 이런 과정에서 사회의 기존 가치들은 무게중심 이동을 하며, 낡은 해석에 따른 사회 체제는 새롭게 우위를 점한 해석에 따라 전복되거나 변화한다.

왈쩌가 보수성의 문제 외에 또 스스로에게 제기하는 문제는 상대성의 문제이다. 그는 스스로에게 묻는다. "우리는 더 좋은 답을 어떻게 인식할 수 있을까?" 이에 그는 일단은 "불일치를 끝낼 결정적인 방법은 없다"라고 말한다. 그는 결국 어떤 가치판단도 불가하고 불필요하다는 회의적인 결론에 도달하고 마는 것일까? 다행히 그렇지 않다. 왈쩌는 이 문제를, 텍스트들의 해석자인 우리 모두에게 권위를 돌림으로써 해결하고 있다. 물론 왈쩌는 독자들의 반응의 총합만이 최선의 답과 해석을 구성하는 것은 아니라고 덧붙인다. 하지만 그렇다고 해서 텍스트 해석의 권위는 '하늘에 있지 않다.' 즉, 세속적 어법으로 말하자면 어느 한 철학자의 발견 안에만 있지 않다. 그렇다면, 왈쩌가 좋은 해석의 형태로 보지 않는, 독자들의 반응의 총합과, 신뢰할 수 있을 만한 민주적인 독자들의 해석은 어떻게 구분할 수 있을까? 이것에 대해 왈쩌는 이 책을 통해 구체적으로 말하고 있지는 않다. 아마도 이 점에 대해서 우리는 왈쩌에게 끈질긴 문제제기를 할 수도 있을 것이다. 하지만 왈쩌가 재해석의 역동적, 전복적 과정을 강조한다는 것을 보면, 왈쩌가 사람들이 현 상황(status quo)에 묶여 단순히 사고하거나 반응한 결과를 좋은 해석이라고 보지는 않을 거라고 믿고 있음을 추측해 볼 수 있다. 하지만 독자들이 정말 합리적이고 합당한 옛 가치를 버리고 그 가치를 재해석하여 비합리적이고 부당한 새로운 해석안을 채택한다면 왈쩌는 이런 현상 역시 재해석이 지닌 전복적 과정으로 칭송하고 인정할 것인가? 왈쩌는 스스로에 대한 문제제기를 이 정도까지 끌고 가지는 않는다. 아마 이 문제를 불필요한 문제라고 생각했을 수도 있다. 왜 불필요한가? 이 기준을 책정하려는 시도조차 여러 해석에 노출된 하나의 가치일 뿐이기 때문이다. 이 기준을 책정하려는 시도 역시 그 이론의 우위에 대한 최종적인 판단을 독자들에게 맡길 수밖에 없다. 왈쩌는 상대주의의 교착상태에 빠졌다기보다 민주주의에 호소하는 것으로 보인다.[3] 하지만 독자들의 승인으로 인해 논쟁이 영구적인 정답에 이르는 것은 아니다. 독자들도 변화하기 때문이다. 따라서 더 나은 해석은 계속 다른 해석들과 경합하며, 그 우위는 계속 변화한다.

2. 사회비판의 가능성

이 책의 가장 흥미로운 부분은 현실의 도덕적 세계에서 자라난 도덕이 어떻게 해서 현실 비판적, 현실 전복적인 가능성을 갖추게 되는지를 다루는 부분이다. 이 부분은 이 책의 제2장 「사회비판의 활동」에 나타난다. 제2장에서 왈쩌는 사회비판가의 모델을 크게 두 가지로 구분한다. 하나는 우리가 흔히 표준적인 모델이라고 생각해 왔던 '초연한' 사회비판가이며, 다른 하나는 왈쩌가 대안적 모델로 제시하는 '연결된' 사회비판가이다. 우리는 왜 '초연한' 비판가를 비판가의 전형이라고 생각해 왔을까? 우리는 사회나 사람들을 비판하는 비판가는 적어도 그 비판의 대상들과

---

3) 철학과 민주주의의 관계에 대해서는 왈쩌의 논문 "Philosophy and Democracy", *Political Theory* 9. 3, 1981을 찾아보는 것이 좋다.

는 거리를 두어야 한다고 생각한다. 사회비판 활동을 하는 사람이 알고 보니 어떤 권세 있는 가문 혹은 기업과 연결되어 있었다는 것이 드러나면 사람들은 그의 비판적 능력과 진정성에 의구심을 갖기 마련이다. 사회비판가는 특정 이해관심과 권력관계에 초월한, 진정으로 객관적인 선만을 희구하는 사람이기를 사람들은 바라기 때문이다. 그래야만 제대로 된 공정한 비판을 할 수 있다고 생각한다. 왈쩌는 바로 이런 상식을 흔들어 놓는다.

왈쩌는 사람들이 바라마지 않는 비판가의 '초연함'은 사실 "주변성을 혼동해서 생긴 고정관념"이라고 말한다. 왈쩌에 따르면, '초연함'을 기준으로 하게 되면, 지금까지 우리가 비판가라고 손꼽는 사람들 중 대부분의 사람들이 비판가가 아니게 된다. 그들은 사회에 초연했던 것이 아니라 다만 주변부에 밀려 있었을 뿐이다. 그들은 또 하나의 당파였고, 또 다른 하나의 편에 속해 있었다. 왈쩌가 초연한 비판가의 예로 든 것은 다른 나라에서 유학하여 이국적인 사상을 가지고 고국에 들어온 혁명가이다. 마르크스주의자일 수도 있고, 기독교 선교사일 수도 있다. 그들은 이국적인 잣대로 자신의 고국의 동포들을 변화시키려 한다. 그런 일에는 늘 '조작'과 '강제'가 따르게 된다는 것이 왈쩌의 우려이다. 물론, 외국에서 이국적 사상을 수입했다고 해서 다 그렇게 되는 것은 아니다. 그들 중 어떤 사람들은 고국에 맞게, 그리고 고국의 풍토를 접목하여 사상을 전파하기도 한다. 외국에서 사상을 접했다고 하더라도 이런 식으로 고국의 가치를 접목하는 비판활동을 하는 비판가들은 자기 민족들이 소중하게 생각하는 가치와 생활방식, 사고방식을 알고 있고, 그 안에서 활동한다. 이런 사회비판가가 바로 왈쩌가 옹호하는 '연결된 비판가'이다. '연결된 비판가'는 객관적 선을 추구하는 것이 아니라, 자기 민족의, 자기 공동체가 나름대로 추진했던 과업의 성공을 추구한다. 그는 '초연한 비판가'를 묘사할 때 늘 나오는 고독한 영웅의 모습을 지니지 않았다. 그는 사람들과 함께 활동하고 그들 안에서 그들의 슬픔과 기쁨을 같이 체험하고 이해한다. 왈쩌에게 있어 비판은 외로운 작업이 아니라 공동의 활동이다.

하지만 '연결된 비판가'에 대한 우리의 의구심은 풀리지 않는다. 사람들과 함께 호흡하는 비판 활동에 대해 누가 뭐라고 할 것인가? 그것은 누가 봐도 바람직한 활동으로 보인다. 우리의 의구심은 그런 측면에 향해 있는 것이 아니다. 우리의 질문은 바로 이런 것이다. '연결된 비판가'가 가지고 있는 비판의 기준은 그 공동체가 전통적으로 지니고 있던 기존 가치들 중에서 나오는 것인데, 어떻게 그런 기준을 갖고 사회에 대한 근본적이고 통렬한 비판을 할 수 있다는 말인가? '연결된 비판가'는 사회 내부의 가치에 침잠해 있으면서도 어떻게 근본적인 비판을 할 수 있다는 말인가? 왈쩌는 이런 우리의 의구심을 알고 있다. 그는 그 질문을 스스로에게 묻고 그에 대한 그의 대답을 전개해 나간다.

보편주의적 정의관을 마음에 두고 있는 사람들은 공동체 내부의 가치를 갖고 사회비판 활동을 하는 사람들이 근본적인(급진적인) 비판을 할 수 없다고 생각한다. 공동체 내부의 가치란 지배계급이 교육을 통해 자신들의 특수한 이해관심을 인민들에게 주입한 결과물이라고 생각하기 때문이다. 가령, 그들 생각에는 유학적 '충효'나 '인의예지' 사상은 유교적 신분질서를 유지하는 이데올로기일 뿐이다. 인민들은 '허위의식'에서 깨어나야 한다는 것이 그들의 주장이다. 그것은 낡은 가치와 전투하는 일과도 같다. 그리고 그런 전쟁과 같은 일을 수행하는 데에 도움을 주는 것이 지식인들의 역할이라고 그들은 생각한다. 그들에게 있어 비판은 전쟁이다. 왈쩌는 정통 마르크스주의자들의 이러한 생각에 대해 그람시와 실로네의 통찰을 빌려 비판의 동학을 새로 밝힌다.

왈쩌는 지식인들이 처음에는 "지배계급의 지적 작업"을 수행한다는 점을 인정한다. 지식인들은 지배계급이 내세운 가치를 가지고 사상을 정리하고 문헌을 만들고 인민들에게 교육하고 전파한다. 이 때 지배계급이 내세운 가치란 보편화된 가치일 수밖에 없다. 왜냐하면 지배계급이 실제로는 자기 계급의 유지에 관심이 있음에도 불구하고, 그대로 인민들에게 그런 이해관심을 보이면 세력을 얻을 수 없기 때문에, 그들은 그들의 좁은 특수주의적 이해관심을, 더 넓은 계층을 끌어안는 보편적인 이해관심인 양 내세워야 인민들로부터 '정당성'을 승인받을 수 있다. 그래서 모든 이들의 이익을 포함하는 가치를 내세울 수밖에 없다. 처음에는 폭력적인 방법으로 권력을 차지한 특수주의 집단일지라도, 그 세력을 유지하기 위해서는 어떻게든 '정당성'을 인민들로부터 끌어내어야 하는데, 그러기 위해서는 그들의 가치를 특수주의적인 것으로 내세우기보다 보편적인 것인 양 내세우는 것이 그들의 세력 장악에 도움이 된다. 이렇게 그들은 위선적인 선전을 하게 된다.

여기까지는 『독일이데올로기』에서 나온 마르크스의 통찰과도 같다. 마르크스는 그들의 위선을 깨닫고 그 보편적 가치를 하나의 허위의식으로 알아차려서 그것을 벗어던지고 어서 그 지배계급을 전복하자는 귀결로 나아간다. 하지만 이 때, 왈쩌는 그 허위의식을 역으로 이용하자는 귀결을 이끌어낸다. 왈쩌에 따르면, 지식인들은 지배계급의 가치 형성에 참여하여 지적 작업을 하지만, 이 순간에 그들은 어느덧 "사회비판이라는 역공의 여지를 만든다." 어떻게 해서 역공의 여지가 마련되는가? 지배계급이 내세운 보편적 가치가 실제로는 허위적으로 유포된 것임을 알지만, 그것을 가지고, 그것을 역으로 이용하여, 지배계급의 실상, 현실적 작태를 비판하는 것이다. 가령, 1980년대 우리 사회의 경우, 군사 쿠데타로 집권한 독재 정부는 공공연히 '정의사회 구현'이라는 기치를 내세우며 국정운영을 해왔다. 그들의 쿠데타식 정권 탈취를 은폐하기 위한 위선적 구호였다. 사람들은 그 구호의 허무맹랑함을 비웃지 않을 수 없었지만, 정작 그 정부를 무너뜨린 것은 시민들의 '정의 구현' 구호였다. 시민들이 비웃었던 것은 그 구호와 실상이 맞지 않음에 있었던 것이지 그 구호 자체에 있었던 것은 아니었기 때문이다.

왈쩌는 그람시와 실로네에 있어서 지식인의 역할, 문화적 투쟁, 헤게모니의 형성에 집중한다. 그들은 사회를 전복하기보다 사회의 헤게모니를 장악하라고 요구한다. 헤게모니는 단순한 군사적 권력, 정치적 권력으로만 구성되는 것이 아니라 문화적, 지적, 도덕적 권력으로 구성된다. 지식인들은 그 사회의 유산으로 받은 가치들을 재해석하고, 지배계급이 내세운 보편적 가치를 탐구하면서 그 안에서 사회비판의 맹아를 발견하게 된다는 것이 왈쩌의 통찰이다. 지배계급이 자신의 실상을 가리기 위해 퍼뜨린 가치를 얼른 붙잡아 그것을 가지고 도리어 지배계급의 실상을 폭로하고 비판한 후 그 가치에 맞게 행동하라고 요구하는 것이 바로 왈쩌가 말하는 사회비판의 메커니즘이다. 지배계급이 세력

장악을 위해 그들이 전략적으로 사용했던 보편적 가치들은 나중에 지배계급을 향해 다시 날아오는 부메랑이 된다.

물론 이 부메랑이 똑같은 모습으로 돌아오는 것만은 아니다. 1980년대 우리 사회의 경우, 군사 독재 정부가 내세웠던 '정의' 개념은 단순한 '질서'와 '국정안정'의 의미로 해석되었다. 하지만 많은 지식인들은 '정의' 개념을 '평등', '인권', '자유', '분배정의'로 재해석하였고, 이것은 우리 시민들 사이에서 우세한 해석으로 자리 잡게 되었다. 집권세력은 그 해석들 간의 지적 논쟁에 있어서까지 헤게모니를 장악하지는 못했다. 그들은 도덕적, 문화적 헤게모니 장악에 실패하였고, 결국 스스로가 내세운 가치에 스스로가 항복하는 사태를 맞이하게 되었다.4) 그렇기 때문에 우리는 지배계급이 유포한 보편적 가치들에 매몰되어 그 가치만을 숭배하고 살아가는 이데올로기적 노예상태를 우려하지 않아도 된다.

물론 단순한 '질서', '안정'으로 해석된 '사회정의' 개념만을 신봉하며 사는 사람이 있을 수 있다. 그런 이에게는 그런 허위의식에서 깨어나도록 도움을 주는 역할이 필요할 수도 있다. 하지만 그런 도움을 주기 위해서 우리는 그에게 더 큰 의미의 '사회정의' 개념을 이용해야지, 다른 새로운 가치를 도입하는 것은 불필요한 일이다.

그리고 그런 허위의식을 규정하는 사람들이 주의해야 할 태도 또한 있다. 참과 거짓이라는 잣대로 이것은 허위의식, 저것은

---

4) 도덕적 논쟁들이 재해석의 과정을 거치기 때문에 현 상황(status quo)나 보수성에 묶여 있지 않다는 왈쩌의 주장은 이미 제1장에 나타나 있고, 역자는 이것에 대해 앞의 절에서 이미 제2장의 이런 핵심 주장과 연결된다고 예고한 바 있다

참된 의식이라고 규정한다면, 그들은 혁명이라는 방법밖에 이용할 것이 없다. 사람들은 어떤 정보에 있어 어두울 수 있다. 그래서 그들의 착각이나 실수를 깨우쳐줄, 더 많이 아는 사람의 도움이 필요할 수도 있다. 하지만 왈쩌는 사람들이 자기 삶의 가치 자체에 대해 철저히 잘못 알고 있을 가능성에 대해서는 상당한 의구심을 표명한다. 왈쩌에 따르면, 자기 삶의 가치는 스스로가 잘 안다. 사람들은 스스로의 운명에 대해 어느 누구보다도 관심을 갖고 있고 고민하기 때문이다. 결국 사람들은 근본적인 문제에 있어서는 스스로 결정하고 선택한다. 이것을 우리가 어떤 근거로 허위의식이라고 단정 지을 수 있을까?

지금까지의 내용을 요약하자면, 왈쩌가 밝힌 비판의 동학은 보편적 이념과 현재 실상의 모순에서 나온다고 할 수 있다. 비판의 가능성은 그 간극을 이용하는 데에 있다. 그렇다면 우리는 이 지점에서 왈쩌가 스스로 묻지 않았던 질문을 새로이 제기할 수 있을 것이다. 왈쩌가 말하는 사회비판은 결국 보편주의를 전제하고 있지 않은가? 보편적 이념 없이 어떻게 부메랑 효과를 노릴 수 있다는 말인가? 왈쩌는 계속해서 공동체의 도덕적 현실을 강조했지만, 결국 보편적 이념 없이는 아무 정의관도 마련할 수 없게 된 것 아닌가?

이에 우리는 왈쩌가 공격하는 보편주의가 어떤 것인지 선명히 할 필요가 있다. 왈쩌가 공격하는 보편주의는 '발견'과 '창안'적 방법을 내세운 도덕론들이다. 발견은 발견된 것이 실재이고 참임을 가정한다. 창안은 창안된 것이 순수히 정의로운 것임을 가정한다. 하지만 지배계급이 이용한 보편적 가치는 참인 것이 아니라, 그들의 실상을 가리기 위해 만들어진 전략적 산물이다. 사실 위선이요, 허구인 셈이다. 창안된 것이라고 할 수도 있겠지만, 불완전한 절차에 의한, 매우 왜곡된 가치일 뿐이지 공정한 절차를 거친 순수한 정의가 아니다. 왈쩌는 보편적 가치를 도덕적 진리인 양 받아들이지 않는다. 이 이념의 허구성과 전략성을 안다. 하지만 그는 그것을 역이용한다. 그것의 불완전함을 재해석을 통해 메워 나간다. 왈쩌는 객관적인 도덕적 세계의 '발견'이나 '창안'을 신봉하는 사람들이 믿는 방식의 보편주의를 따르지 않는다. 그가 보편적 이념의 불완전함과 허구성을 알면서도 이용하는 것뿐이다. 이 점이 바로 '발견'과 '창안'의 길을 걷는 사람들이 지닌 보편주의와 다른 점이다.

왈쩌에게 있어 보편적 이념은 필요하다. 하지만 그것은 너무도 객관적인 참이라서 필요한 것이 아니라, 역사의 과정 중에 나온 가치이며, 또 역사의 과정에 필히 소용되기 때문에 필요한 것이다. '보편적 이념'이라고 불리던 것은 사회마다, 역사의 단계마다 역할을 달리하며 내용이 바뀐다. 어느 때는 위선적 구호의 역할을 하고, 어느 때는 그 위선을 폭로하는 비판가의 규범적 기준의 역할을 한다. 내용 또한 바뀐다. 보편적 이념은 계속 재해석되면서 계승된다. 예를 들어, 어떤 국가가 헌법적인 정의원칙을 확립한다고 한다고 해보자. 마르크스주의자들은 이 작업에 대해 부르주아 계급의 특수한 이해관심을 담고 있을 뿐이라면서 이 작업 자체를 부정할 것이다. 그 대신 그들은 그들이 발견한 공산주의적 역사 원리에 맞는 사명을 우리에게 던져줄 것이다. '창안'의 방법을 따르는 합리주의적 자유주의자들은, 합리적이고 정의로운 절차에 따른 결과가 이 작업에서 나온다면 이것은 모든 시공간에서 보편적인 정의의 기준을 세울 수 있을 것이라고 낙관할 것이다. 그렇다면 왈쩌는 이런 작업을 어떤 식으로 볼 수 있을까?

왈쩌가 내세운 비판의 가능성과 보편적 이념에 대한 입장에 비추어 보건대, 왈쩌는 그 정부기구에 자본주의적 세력이 큰 영향력을 갖고 있다는 것을 알고 인정하면서도, 정의원칙 구상의 작업을 전면 부정하지 않을 것으로 보인다. 앞으로 그 작업은 재해석의 과정을 밟을 것이기 때문이다. 그리고 그것이 위선이었음이 폭로되는 순간 그것은 역습의 핵심이 되어 있을 것이기 때문이다. 그에게 있어 비판의 기준이 되는 보편적 이념은 특정한 사회 속의, 특정한 역사 속의 한 요소에 불과하다.

혹자는 왈쩌가 보편주의적, 최소주의 도덕을 부정하는 것이 아니라는 점을 발견하고는 그 역시 보편주의의 큰 틀 아래에 포함된다고 말하고 싶어할지도 모른다. 하지만 그것은 왈쩌가 이용하는 보편적 개념의 성격과 역할을 간단히 생각한 탓으로 보인다. 그에게 있어 최소 도덕 혹은 보편적 도덕은 최대 도덕들과 특수 도덕들의 일부분일 뿐이다. 다양한 사회와 각 역사단계들에서 등장하는 도덕들의 중첩일 뿐이다. 이 중첩은 시간과 장소에 따라 모습을 달리할 것이다.5) 보편적 이념이라고 내세운 것들은 사실 역사의 우연적 산물이며, 늘 변화에 노출되어 있다. 하지만 이것은 여전히 우리에게 필요한 것이며, 비판의 가능성을 담지하고 있다.

---

5) 그의 후속 저작 *Thick and Thin: Moral Argument at home and abroad* (University of Notre Dame Press, 1994)은 이런 논의를 잘 다루고 있다.

3. 왈쩌와 우리 사회

우리 사회는 완전히 자생적인 근대화의 경험을 했다기보다 외부의 충격 속에서 근대화를 경험하였다. 근대화가 역사의 자연스러운 진행이 되기 전에 근대화는 많은 부분 서구문화의 주입이라는 형태로 들어왔다. 그래서 전통이라는 가치와 진보라는 가치가 서구국가에서보다는 훨씬 더 대립적인 개념으로 우리 마음속에 자리하고 있는 것 같다. 이 때문에 우리 사회에서 스스로를 진보적이고 혁명적이라고 생각하는 사람은 우리 사회 안에 내재한 가치들을 폄하하고 그것을 부정하면서 시작하길 원하는 성향이 무엇보다 강하게 보인다. 1980년대, 마르크스주의가 진보적 지식인들의 우세한 이론적 배경으로 자리 잡았을 당시, 그 지식인들은 대중들을 깨우치고 계몽해야 하는 역할을 지녔다고 스스로를 생각했다. 그리고 자신들은 사람들에게 어떻게 비쳐지건 상관없이 고독한 선구자의 길을 가야 한다고 생각했다. 물론 왈쩌는 이런 비판가들이 전혀 쓸모없다고 내몰지는 않는다. 그들은 사회비판 활동이라는 큰 이야기에서 조그만 한 부분을 차지할 수 있다. 왈쩌가 말하고 싶었던 것은 그들만이 비판가의 전부가 아닐 뿐더러, 더 나아가 그들은 결코 비판가의 모범이 될 수 없다는 점이다.

1987년 민주항쟁에서 우리 시민들의 억압된 민주의식을 자극한 것은 정작 마르크스주의가 아니었다. 명동의 시위 대열에 합류한 수많은 화이트칼라들은 마르크스주의자가 아니었다. 그들은 '정의사회 구현'이라는 정부의 위선적 구호 속에 은폐된, 한 젊은 청년의 무고한 죽음에 촉발하여 분노한 것이었다. 기독교

신자들도, 불교 신자들도, 유교적 전통가치를 신봉하는 이들도, 아니 5공화국의 '정의'와 '안정'을 믿고 따르던 이들도 그 젊은 청년의 죽음이 노출시킨, 그 정부의 총체적인 정치적 부패와 억압의 만연에 분노한 것이다. 굳이 마르크스주의자가 되지 않아도 한 젊은이의 무고한 죽음과 그 죽음이 폭로한 그 정권의 총체적인 부정의에 분노할 수 있었으며, 이런 분노와 비판에 대한 가치의 자원들은 우리 공동체 안에 내재해 있는 것이었다.

물론 마르크스주의는 1980년대에 청년기를 지낸 대다수 지식인들의 필수교양이었고, 이것은 점점 한국 현대 사회의 지적 전통 중 한 부분을 형성해 가고 있다. 하지만 이것은 상당 부분 우리 사회에 맞게 재해석되고 변형된 것으로서 자리 잡고 있는 것이지, 레닌 시절의 그것 그대로가 아니다. 마르크스주의를 필수교양으로 익혔던 386세대라 불리는 사람들이 장년층이 되어 현재 사회와 문화 곳곳에 헤게모니를 장악하고 있고, 그들은 인권 중심적 자유주의의 큰 틀 안에서 마르크스주의적 요소들을 가미한 가치들을 재해석하고 구현하고 있다. 사회비판가 중에 변절이라고 비난받는 사람도 있다. 하지만 현실에 대해 단순히 순응하거나 고착하지 않고, 현실에 대한 재해석과 비판의 여지를 늘 안고 있는 경우라면, 그는 변절자라기보다 현실주의적 운동가이다.[6]

---

6) 왈쩌에게 있어 변절자는 오히려 자기의 공동체에 대한 헌신을 저버리고 '하늘에 있는' 보편적인 잣대에만 충성하는 경우의 사람을 말한다. 그런 패턴을 보이는 비판가로 왈쩌는 사르트르를 들고 있다. 사르트르는 프랑스 사회의 적, 배신자임을 자청한 프랑스 사회의 비판가이다. 왈쩌는 이런 식의 비판은 프랑스 인민들에게 와 닿지 않으며, 영원히 '적'의 말로만 남게 된다고 지적한다. 이 책 제2장에 이 지적이 나와 있다.

왈쩌는 미국의 지식인이다. 미국적 가치와 사안에 대한 구체적인 논쟁에 늘 참여한다. 왈쩌의 주장들이 우리 사회에서 의미를 가질 수 있는 부분은 미국적 가치에 관한 논의에 대해서라기보다 사회비판의 형태에 대해서이다. 왈쩌는 우리에게 이렇게 말한다. 우리는 사회비판을 위해서, 그리고 보편적인 정의를 찾기 위해서, 우리가 속한 공동체를 지적으로나 정서적으로 떠나야 하는 것은 아니다. 아니, 떠나지 않아야 한다. 비판가의 관심사는 자신과 더불어 살아가는 이 사람들에 대한 것이어야 하고, 그들을 변화시키는 방법에 대한 것이어야 하기 때문이다. 사회비판가는 늘 그것에 주목해야 한다. 하지만 그들은 공동체의 가치를 그대로 붙들고만 있지는 않는다. 그것들을 혁명적으로 재해석하면서 그들은 혁명가가 될 수도 있다. 이렇게 사회와 공동체는 (정도의 차이는 있겠지만) 변화와 진보의 씨앗을 스스로 배태하고 있으며, 이것이 바로 비판의 가능성을 의미한다.

[인명 찾아보기]

지은이: 마이클 왈쩌(Michael Walzer, 1935~)

미국 프린스턴 대학, 하버드 대학의 교수를 거쳐 현재 프린스턴 고등학술원 종신교수직에 있으며, 좌파적 저널 『디센트(Dissent)』의 편집인으로 활동 중이다. 매킨타이어, 샌들, 테일러와 함께 현대 공동체주의를 대표하는 철학자로서, 자유주의 정치철학에 대한 대안적 사회원리를 제시하는 이론가로 유명하다. 정의로운 전쟁론을 다룬 『정의로운 전쟁과 부정의한 전쟁』 (1977)으로 학계의 주목을 받기 시작하여 관심 영역을 자유주의적 정의관에 대한 대안적 정의관을 제시하는 쪽으로 확장하였으며, 1983년 『정의와 다원적 평등』(정원섭 외 옮김, 철학과현실사, 1999)을 내고 자유주의-공동체주의 논쟁에 주요한 논객으로 자리매김한다. 이후 사회비판에 관한 일련의 책들—『해석과 사회비판』, 『비판가 집단: 20세기의 사회비판과 정치적 투신』, 『두터운 도덕과 얇은 도덕: 내부적 도덕논증과 외부적 도덕논증』—을 출간하며 공동체주의에 쏟아지는 보수성 혐의를 극복하기 위한 대응을 마련한다. 그 외에도 지속적으로 정치 현안들에 대한 칼럼들과 전쟁론, 다원주의, 민주주의에 관한 저작들을 내놓고 있다. 1999년에는 <다산기념 철학강좌>의 연사로 방한하여 4개의 논문을 발표하기도 하였다.

옮긴이: 김 은 희

서울대학교 철학과를 졸업하고 동대학원 철학과 박사과정을 수료하였다. 건국대학교, 서울교육대학교, 한림대학교에서 강의하였으며, 현재 서울대학교에서 강의하고 있다. 주요 논문으로는 「자유주의의 중립성 입론과 롤즈의 정치적 자유주의」 등이 있다. 현재 롤즈의 정의관과 왈쩌의 정의관을 이성주의적 기획과 자연주의적 기획의 대립 안에서 바라보는 연구로 박사논문을 준비 중이다.

해석과 사회비판

2007년 6월 20일 1판 1쇄 인쇄
2007년 6월 25일 1판 1쇄 발행

지은이 / 마이클 왈쩌
옮긴이 / 김 은 희
발행인 / 전 춘 호
발행처 / 철학과현실사
서울시 서초구 양재동 338-10
전화 579-5908 · 5909
등록 / 1987.12.15.제1-583호

ISBN 978-89-7775-633-5   03190
값 10,000원